Las felicitaciones más acertadas para cada ocasión

cómo redactar tarjetas, cartas, postales,
telegramas, parabienes, congratulaciones,

para nacimientos, fiestas, bautizos, matrimonios,
graduaciones, ascensos profesionales, etc.

I0156389

COLECCIÓN
LENGUA ESPAÑOLA E IDIOMAS

Serenella Santarelli

LAS FELICITACIONES MÁS ACERTADAS PARA CADA OCASIÓN

cómo redactar tarjetas, cartas, postales,
telegramas, parabienes, congratulaciones,

para nacimientos, fiestas, bautizos, matrimonios,
graduaciones, ascensos profesionales, etc.

A pesar de haber puesto el máximo cuidado en la redacción de esta obra, el autor o el editor no pueden en modo alguno responsabilizarse por las informaciones (fórmulas, recetas, técnicas, etc.) vertidas en el texto. Se aconseja, en el caso de problemas específicos —a menudo únicos— de cada lector en particular, que se consulte con una persona cualificada para obtener las informaciones más completas, más exactas y lo más actualizadas posible. EDITORIAL DE VECCHI, S. A. U.

© Editorial De Vecchi, S. A. 2018
© [2018] Confidential Concepts International Ltd., Ireland
Subsidiary company of Confidential Concepts Inc, USA
ISBN: 978-1-64461-082-4

Prefacio

¿Quién no se ha encontrado alguna vez en la vida con la necesidad de escribir una tarjeta para agradecer, obsequiar, felicitar conmemorar o reprobar algo o a alguien? Algunas veces, hacerlo se convierte en toda una hazaña ya que, incluso por miedo a caer en obviedades, o por temor a ser repetitivos, a menudo se acaba volviendo a escribir siempre las mismas cosas o no se sabe qué decir.

Hay quien evita esta embarazosa situación prefiriendo una rápida llamada telefónica; sin embargo, la solución no es siempre tan simple.

Por deberes familiares, sociales o de amistad, a menudo es necesario enviar un par de líneas para acompañar un pequeño regalo, para agradecer cierto interés o cierta cortesía. En realidad, incluso las tarjetas de felicitación o agradecimiento con un simple «gracias» o «felicidades» son siempre bien aceptadas. ¡Pero qué diferentes son aquellas tarjetas en las que se ha intentado decir algo más, en las que se han buscado las palabras para dar a entender un sentimiento más profundo!

Pero, desgraciadamente, a menudo la falta de tiempo y la prisa son nuestros enemigos, y entonces volvemos de nuevo a pensar: «¡Caramba, qué escribir!»

En este libro se encontrarán ejemplos de tarjetas, cartas breves de felicitación o de reconocimiento que podrán servir para ser utilizadas en los momentos que se consideren oportunos.

Seguramente quien las ha escrito tuvo más tiempo para pensarlas y redactarlas. Son un poco tradicionales ya que, de hecho, la intención de estos escritos es la de despertar el espíritu que tanto tiene que dar y que decir.

Sin embargo, no deben tomarse al pie de la letra, ya que, aun habiendo intentado recrear circunstancias posibles, las ocasiones en las que debemos escribir algunas líneas podrán ser mucho más particulares y más específicas.

Aunque estas tarjetas sólo pretenden servir de guía, pueden igualmente copiarse sin más complicaciones.

PRIMERA PARTE: LAS REGLAS

Las buenas maneras

La señora y el señor de buenas maneras, de educación refinada, se distinguen, y es un gran placer tenerlos entre nuestros amigos, ya que saben decir y hacer en el momento justo el comentario apropiado. Como se suele decir, «tienen clase».

Un regalo suyo va siempre acompañado por una tarjeta particular, simpática y personal. Una invitación suya a cualquier evento o encuentro es por sí sola divertida y exclusiva; un agradecimiento suyo nos hace sentir apreciados e importantes.

Generalmente, las personas que poseen estas cualidades son individuos muy atentos, que consideran siempre las situaciones con una mirada especial.

Se habla mucho de escuelas en las que se enseñan buenas maneras, donde se desempolvan las antiguas costumbres, hoy en día en desuso, del arte de recibir, de disponer la mesa o de la colocación de las flores. Pero desgraciadamente, como siempre, son sólo situaciones para una minoría, o bien para quienes disponen de mucho tiempo y curiosidad.

Sea como fuere, todavía no existen escuelas para refinar los sentimientos, ni mucho menos escuelas que nos habitúen a mirar en nuestro interior. Dado que cada cual tiene sus propios recursos y sus capacidades, con un poco de atención, de sentido común y de profundo respeto por todo lo que hay a nuestro alrededor, nuestra clase y nuestras particularidades emergerán siempre de algún modo.

La convicción de que las relaciones humanas deben estar entretejidas de sonrisas, de palabras, de cortesías, de perseverancia y de verdad, nos hará ser siempre ejemplo de buenas maneras, incluso sin escuela.

Encontraremos para todo y para todos las palabras y las maneras apropiadas.

El momento especial
de la escritura

Las personas, en sus relaciones interpersonales, hacen un gran uso de ese maravilloso aparato que es el teléfono. Esto le permite exteriorizar de manera casi inmediata sus propias necesidades y obtener una respuesta instantánea a sus preguntas. Sin embargo, el teléfono no exonera de las exigencias familiares o sociales de escribir, de detallar sobre un papel notas, relaciones e impresiones. He aquí, pues, la necesidad de una correspondencia privada o formal.

Los escritos corrientes de todos los días quizá no constituyan un género literario, pero seguramente devienen una precisa puntualización de los momentos. Otros escritos más breves, pero seguramente más precisos y más técnicos, aunque no por ello menos útiles, nos ayudan a no olvidar, a recordar.

Casi siempre telefoneamos, escuchamos las voces, las palabras, pero también continuamos escribiendo.

Incluso las relaciones familiares y amistosas necesitan su historia escrita. Siempre que es posible detallamos nuestros momentos particulares porque las relaciones no sólo se alimentan de gestos, sino también de imágenes y de signos.

«Las palabras vuelan, los escritos permanecen.» Escribir es algo más comprometido que conversar: en la conversa-

ción se pueden cometer errores y lapsos, a menudo reto-
mados y corregidos, pero es más difícil hacer enmiendas
en una hoja de papel.

El escrito presupone una mayor atención, un mayor esfuerzo para ser precisos y requiere el conocimiento de algunos
principios que regulan la correspondencia moderna.

Sin embargo, debemos escribir nuestros sentimientos de la
manera más sincera, para nosotros y para los demás. Una
tarjeta, un pensamiento escrito, permitirán volver a encon-
trarnos con quien nos es querido o con quien, de algún
modo, está cercano a nosotros, aun cuando nuestro teléfono estuviese comunicando o no pudiésemos comunicar
con quien nos busca.

Las reglas básicas

Personalizar el texto

Enviar una felicitación, un mensaje o un agradecimiento no puede ser algo apresurado o superficial. Debe ser algo pensado y sentido. Esto permitirá que nuestro escrito sea incisivo, adecuado a la situación y también agradable.
El conocimiento de la persona a la que se dirige el mensaje o, en el caso de personas que no se conocen, el conocimiento de sus posiciones sociales y del lugar que ocupan, permitirá formular una felicitación personalizada cuyo texto será amistoso, dulce, irónico y despreocupado, en el primer caso o, cordial, fresco y espontáneo pero preciso, en el segundo.
En cualquier caso, los consejos que se encontrarán a continuación son válidos para todo tipo de correspondencia privada o social, tanto para cartas como para tarjetas.

— *Generalmente, cualquier escrito se compone de tres partes*

— *Se debe ser siempre claro y siempre uno mismo*

— *No debe abreviarse demasiado*

Las tres partes de una carta o de una tarjeta

La redacción de cualquier carta o tarjeta, ya sea de agradecimiento, de aclaración, de comunicación o de felicitación, siempre presupone, para resultar agradable y eficaz a la vez, el mismo trabajo de reflexión.
Antes de escribir, hay que preguntarse:
— Qué se quiere decir exactamente.
— Sobre qué se debe insistir particularmente.
— Qué argumento queremos proponer.
Definidos estos puntos, podemos empezar la redacción.
Como en una redacción escolar, también la correspondencia debe comprender:
a) encabezamiento;
b) desarrollo;
c) conclusión.
En el *encabezamiento*, después del apelativo de circunstancia (Señor... Querido amigo, Querida señora, Señor director, Querida mía, Queridísima, o apodos o diminutivos para los amigos) se explicará el motivo de nuestro escrito. En el *desarrollo* se aclararán los argumentos, los detalles y se harán las precisiones necesarias.
La longitud de esta segunda parte puede variar según el destinatario, el tema y la circunstancia.
En la *conclusión* se terminará siempre con los saludos, las muestras de cordialidad y la firma de quien escribe.
Estas son las reglas generales, y muy valiosas pero, cuando se escribe con el corazón, se pueden aceptar incluso algunos cambios.
De todos modos, no se debe olvidar nunca que un escrito es una tarjeta de presentación. Se debe escribir siempre con afecto y sentimiento. Él hablará por nosotros, él nos sustituirá.

Se debe dejar que a través de las palabras se nos conozca, se nos recuerde, se nos descubra, se nos aprecie y se nos estime.

Ser claros y siempre uno mismo

Cuando se escribe se debe ser claro y preciso.
Los propios pensamientos y las propias opiniones se deben expresar con frases breves. Eso hará que el texto sea fácilmente comprensible.
Una tarjeta o una carta no son literatura, y aunque no nos creamos muy capaces, ni muy poéticos, ¡no hay que tener miedo! Nuestro escrito será esquemático pero preciso y, por tanto, igualmente válido.
Si se tiene la fortuna de poseer un estilo personal, debemos dejar que este fluya. Pero quien no lo posea no debe atormentarse, basta con que escriba en cada carta todo lo que siente con toda la simplicidad y la claridad de la que sea capaz. Los escritos dirigidos a los amigos pueden ser extensos y personalizados, pero es importante que no sean cartas muy extensas.
Se les debe escribir con el afecto que nos anima.
Los escritos sociales serán precisos, pero nunca se llegará a la rigidez.
La correspondencia personal debe ser clara y veraz, pudiendo ser irónica pero sin llegar a la vulgaridad, elegante sin ser exagerada, correcta y amable sin ser fría, concisa pero no lacónica. Estas normas permitirán que los escritos siempre sean bien recibidos.
Se debe tener presente que una carta o una tarjeta de parte de una persona querida dan la sensación de ser recordado y apreciado a quien las recibe.

Errores ortográficos: ¿cuáles hace?

Aunque las normas siempre son precisas, no se debe asustar. Muchos cometen faltas de ortografía: no todo el mundo puede escribir como Miguel Delibes. Si el error ortográfico ocurre en un escrito dirigido a un familiar o amigo muy cercano, el afecto y la estima de este perdonarán la falta, pero si la carta debe dirigirse a un entorno más amplio, será más difícil encontrar esa comprensión.

Los errores ortográficos más comunes son:

— La no acentuación de las vocales mayúsculas.

— La partición incorrecta de las sílabas.

— La no inclusión del signo inicial o final de admiración o de interrogación.

— La confusión ortográfica en la utilización de las letras: b, v, h, g, j.

Un consejo que debería ser tomado casi como norma obligada es la nueva lectura del texto antes de ser enviado. Si se le presenta alguna duda de cómo debe escribir una palabra, si debe acentuar un monosílabo, etc., consulte siempre un diccionario y realice siempre un primer borrador de la carta. No supone una pérdida de tiempo sino una sabia precaución. Además, le permitirá meditar, corregir, pensar y formular de nuevo todo aquello que quiere plasmar en el papel de la forma más clara e inteligible posible.

No abreviar nunca demasiado

En la correspondencia existen fórmulas y abreviaciones de cortesía aceptadas por todos, que hoy en día están inscritas en las costumbres habituales.

Estas abreviaciones de título (Dr., Sr., Srta., Ilmo., Exclmo.) o de ciertos apelativos nobiliarios se pueden aceptar, en particular, cuando se escriben en el sobre. En el interior de la carta es preferible escribirlas de forma completa, ya que harán el intercambio más participativo y menos formal. Otras abreviaturas admitidas son las que sirven para indicar ciertos modismos convencionales:

P.S. del latín *post scriptum*, escrito después
N. B. Nota Bene.
q. e. s. m. que estrecha su mano.
M. I. Sr. Muy ilustre señor
S. M. Su majestad
s.e.u.o. salvo error u omisión
v. a. véase además
s. r. c. se ruega confirmación

Pero no se debe abusar de las abreviaciones, para no obligar a quien recibe la carta a excesivos esfuerzos de lectura y de interpretación. La correspondencia no debe ser un enigma sino una cosa placentera que haga sentir el afecto y la atención de quien la envía.

El papel y los formatos

Si pudiésemos confiar nuestros mensajes al cielo sería maravilloso... no existe pizarra o papel más bello que el azul, el gris, el rosa de nuestro cielo; además, habríamos resuelto también el problema del envío... el cielo es de todos, por tanto, ¡se acabaron los carteros!

Sin embargo, por desgracia los mensajes deben confiarse al papel y al correo... que tienen sus reglas. Por lo que respecta al papel, se debe tener en cuenta que, en general, para la llamada correspondencia social debe evitarse aquel que testimonia la fantasía de los demás (los fabricantes).

Nada de dibujos, ni de ribetes, ni de rúbricas: la elegancia de una carta reside en su discreta sobriedad.

El papel blanco es siempre perfecto, casi obligatorio para los varones. Si para las señoras el blanco resultase demasiado clásico, se puede recurrir al papel coloreado, pero de tonos discretos: pastel, beige, gris perla.

En todo caso, siempre es aconsejable ser fieles todo lo posible al tipo de papel y al color escogido. Esta será una característica más de nuestra personalidad y ayudará a que los destinatarios se acuerden de nosotros.

El papel coloreado con tintes vivos o dibujado queda exclusivamente reservado a las personas de edades más jóvenes.

Son maravillosos sus papeles de carta, imprevisibles, alocados, veloces, «chocantes» como ellos, todavía más hermosos y «únicos» cuando ellos mismos los dibujan con sus lápices de colores y sus propios símbolos.
También el papel de las tarjetas debe ser blanco.
El formato de las tarjetas puede ser de tres tipos.

• Formato 60 (64 x 93 mm) estándar:
— se utiliza para los escritos de visitas profesionales o personales;

• Formato 90 (52 x 93 mm):
— se utiliza para los negocios o para el comercio;

• Formato 30 (82 x 128 mm):
— papel admitido por Correos, ideal para felicitaciones, invitaciones o correspondencia.

A veces puede suceder que se reciban las felicitaciones en tarjetas de visita.
En efecto, aunque no forman parte propiamente de los papeles de carta, pueden ser utilizadas estas tarjetas en las siguientes circunstancias:
— para enviar las felicitaciones de Navidad o de Año Nuevo;
— para informar de un cambio de dirección;
— para expresar condolencias;
— para anunciar un bautismo, una primera comunión, un compromiso o un matrimonio;
— para dar la dirección a una persona a la que se acaba de conocer;
— para acompañar sumas de dinero que se adeudan a alguien o para exigir los honorarios.

Si las circunstancias señaladas se dan entre amigos, o simplemente con personas con las que existe una gran confianza, no debe dudar en tachar el apellido con un trazo de pluma. Para las situaciones oficiales nunca debe faltar ningún dato al encabezamiento de las tarjetas.

En las situaciones sociales, la tarjeta de visita deberá estar redactada utilizando la segunda persona de cortesía y no deberá ir firmada.

Sea como fuere, y se utilice el papel que se utilice para comunicar, se debe utilizar con toda la pasión de la que se disponga. Cada acto, incluso el más pequeño e insignificante, se convierte en vida si se vive con «profunda consciencia», que no son sólo rigor y seriedad, sino también fantasía y entusiasmo.

Las pequeñas manías

«¡Dime qué manías tienes y te diré quién eres!»
Han corrido ríos de tinta acerca de las pequeñas manías de
cada uno.
Cada gesto, cada señal... encuentra lectores calificados
que descubren, a través de ellos, una parte de nuestro
carácter y de nuestra personalidad. Pero ¡atención! Ahora,
para no delatarnos, tampoco debemos ocultar o provocar
determinadas reacciones o gestos que busquen la transmi-
sión de una determinada actitud.
Pero dejemos espacio a nuestras pequeñas particularidades
y continuemos escribiendo como mejor nos parezca... Los
signos y los símbolos también son elementos para comunicar y, en cualquier caso, para mantener más despierta la
curiosidad de la otra persona: subrayado de palabras,
resaltado con colores, iniciales de palabras que se convierten en dibujos intrincados de puntos, de estrellas o de
hojas.
Los niños siempre animan las palabras, las agigantan,
como si quisieran elevarlas al cubo o al cuadrado; otras
veces no faltan ojos, bocas, bigotes y cabellos que decoren
algunas de las letras que componen las palabras.
Algunos jóvenes convierten los puntos y los suspensivos
de sus escritos, de manera sistemática, en esferas y estrellas. Muchos sustituyen el «más» o «menos» y el «por»
con los símbolos aritméticos.

Entre las pequeñas manías se puede incluir también la de firmar las tarjetas en el lado, en vez de hacerlo en la parte frontal, de manera que buscar el nombre de quien nos ha escrito se convierte casi en una búsqueda del tesoro. «¡Pero si es Juan! ¡Siempre firma así!»

De todas formas, aunque las pequeñas manías personales nos caracterizan y hacen que se nos reconozca, generalmente, se deberían superar.

Al igual que el lenguaje, también la escritura es una forma de comunicación que se dirige a otros y no a nosotros mismos. ¡No se trata de despersonalizarnos, pero la claridad en la escritura debe ser el primer aspecto a tener en cuenta en nuestras cartas!

La dirección del destinatario

Cualquier mensaje que enviemos, por motivos obvios de discreción y de cortesía, debe estar contenido en un sobre en el que se escribe el nombre y el apellido de la persona a la que se le envía.

Si la tarjeta no se lleva en mano y debe seguir el trámite del servicio postal, en el sobre que lo contendrá, además del nombre y el apellido, deberá estar escrita la dirección del destinatario: la calle, la ciudad y el número del código postal (CP).

Es una buena norma escribir la dirección y el texto de la carta o la tarjeta a mano, aunque también se puede escribir a máquina si se teme poder provocar eventuales errores de lectura.

La dirección del sobre debe estar escrita en la parte inferior derecha para dejar espacio a los sellos y a los timbres postales.

El nombre del destinatario puede ir precedido de abreviaturas (Sr., Ilmo., Dr., Eclmo. Sr.), aunque siempre es preferible escribirlo de manera extendida. En el caso de «señor» es preferible la locución completa.

El nombre siempre debe ir antes que el apellido. Debajo se escribe el nombre de la calle seguido del número; debajo el número de C.P., el nombre de la ciudad y la provincia. Si la carta la dirigiéramos al extranjero, deberíamos escribir en la siguiente línea el país de destino.

Una dirección escrita correctamente, como la siguiente:

Excelentísimo Señor
Doctor Marcos Cortés
Calle Basilea, 34

08210 Barberá del Vallés
(Barcelona)

permitirá que nuestro mensaje llegue con seguridad a su destino sin correr el riesgo de perderse en los meandros de las distancias y de los depósitos postales.

A título de ejemplo, añadimos seguidamente algunos tipos de direcciones que se pueden adaptar a las necesidades según los títulos y las particularidades del destinatario.

- Eminentísimo Profesor Doctor...
  (en el caso de que se trate de un profesor de Universidad).

- Eminentísimo y reverendísimo señor Cardenal...

- Excelentísimo Señor Doctor...

- Excelentísimo Señor Procurador...

- Ilustrísimo señor don...
  (para subsecretarios, directores generales de Ministerios...)

- Madre Reverendísima...
  (en el caso de que se trate de la superiora de una orden religiosa)

- Magnífico Rector Doctor...
  (en el caso de que se trate de un rector de Universidad).

- Reverendo señor Don...
  (en el caso de que se trate de un sacerdote)

- Santísimo Padre...
  (en el caso de dirigirnos al Papa)

- Sor...
  (en el caso de que se trate de una religiosa)

- Su alteza real...
  (para príncipes)

- Su majestad...
  (para reyes)

El telegrama

El telegrama es un sistema muy veloz para hacer llegar
nuestro mensaje a quien se encuentra lejos, aunque hoy en
día ya sólo se utiliza para mensajes oficiales o burocráti-
cos, o para comunicados realmente muy concretos. Es más
caro que el envío normal de una tarjeta franqueada, pero
nos ahorramos mucho tiempo. Tiene, en cambio, además
un carácter menos privado, ya que el texto deberá confiarse a un empleado postal o a un empleado telefónico antes
de que el destinatario lo reciba.
Hoy en día la costumbre de mandar mensajes de trabajo y
felicitaciones por medio del telegrama esta muy difundida. El telegrama se puede enviar desde una oficina postal
y también por teléfono. Existe un servicio de Correos y
Telégrafos que, sin que tengamos que movernos de casa,
hace llegar al destinatario nuestras felicitaciones o cualquier otra noticia que queramos compartir (cada provincia
tiene su número específico, por lo que aconsejamos buscar el de su provincia en la guía telefónica. Aparece junto
a los números telefónicos de información de los servicios
oficiales).
Los telegramas varían de precio según el lugar de destino:
— Telegrama ámbito nacional: El coste se calcula por un
    fijo más una cantidad por cada palabra. El fijo actual es
    de 290 pesetas al que se le debe sumar 8 pesetas por
    palabra.

— Telegrama intercontinental: El precio del fijo es de 1.400 pesetas, al que debemos sumarle 45 pesetas por cada palabra.

A estos precios, y según la normativa del Ministerio de Economía y Hacienda, hay que sumarles el 16 % del Impuesto sobre el Valor Añadido.

Debe tener en cuenta que las palabras que sobrepasan las 10 letras, se consideran como dos palabras a efectos de pago.

Así, si escribimos la palabra ESTIMADÍSIMO, que está compuesta por 12 letras, pagaremos como si hubiéramos escrito dos palabras.

Otro dato a no obviar es que el telegrama por teléfono aumenta el coste con respecto al precio del telegrama enviado desde la oficina correspondiente.

Existe la posibilidad de enviar telegramas con respuesta pagada.

Como puede observar, los servicios de los que se dispone para hacer llegar noticias son múltiples... ¡basta con desearlo!

La llamada telefónica

«¿Dígame?» El teléfono, este medio tan inmediato y cómodo, a menudo nos mantiene distantes y nos cuesta sostener una conversación tranquila y sosegada, como lo haríamos si tuviésemos al interlocutor frente a nosotros.

A veces, individuos normalmente extrovertidos, cuando hablan por teléfono, balbucean, sudan, sólo utilizan monosílabos; sufren el llamado «mal del auricular».

Suele ser fácil hablar por teléfono de negocios, pero es más difícil hablar de sentimientos y de sensaciones. Pues bien, incluso la llamada telefónica tiene sus reglas para hacerla más sencilla. Sólo debemos seguir los siguientes consejos:

Ante todo, debemos acercarnos al teléfono relajados y en disposición de escuchar, de comprender lo que se nos dice, pero también de dar la respuesta que el otro espera de nosotros. Nuestras llamadas de teléfono no deben ser nunca inacabables monólogos, ya que la conversación se establece entre dos personas, pero tampoco nos debemos mostrar avaros en palabras. Los monosílabos pueden hacer pensar a quien nos llama que su llamada no es bien recibida.

Se debe ser cordial y franco hablando por teléfono, dado que el hecho de que el otro no puede ver nuestra cara no nos asegura que la simulación o la intolerancia no puedan verse. Nuestra voz puede traicionarnos y dejar entrever nuestros sentimientos y actitudes con sus matices y sus tonos.

Por tanto, se debe ser franco, claro, a veces breve, pero siempre muy preciso cuando se habla por teléfono. Cuando colguemos el auricular, no debemos quedarnos nunca con la sensación de no haber comprendido o de haber sido demasiado incisivos.

SEGUNDA PARTE:
LAS OCASIONES

Las ocasiones
son siempre preciosas

¡No dejéis escapar las ocasiones de la vida!
Ocasión significa cruce de circunstancias que da la oportunidad de hacer o decir algo especial.
A lo largo de la vida, cada uno de nosotros vive cierto número de ocasiones, algunas tan únicas y extraordinarias que se viven una sola vez y no vuelven a repetirse.
Por el contrario, otras ocasiones se repiten, acaso varias veces... pero con variantes, con diversas particularidades, por lo que se puede afirmar que no existen dos ocasiones iguales.
En estas circunstancias, a veces somos protagonistas, otras veces participantes, pero siempre se debe estar atento para captar, aferrar y hacer nuestro todo cuanto está sucediendo. La vida es un bien demasiado precioso para no vivirla con intensidad. No seamos espectadores de nuestra propia vida... no la dejemos pasar ante nosotros, sólo mirándola; vivámosla desde dentro, acaso sufriéndola a veces... pero siempre sólo como artífices de ella.
La vida es una obra de teatro en la que siempre es más gratificante y glorioso ser el primer actor que un simple y aburrido comparsa.

El ámbito familiar:
un momento especial

Las relaciones familiares suelen definirse como las más fáciles, dado que no están sometidas, teóricamente, a reglas condicionadas. Espontaneidad, inmediatez y verdad parecen ser la única mezcla justa para el cóctel familiar.

Sin embargo, la propia atmósfera de la familia lleva a menudo a simplificar demasiado y a hacernos olvidar que incluso con los seres queridos no podemos olvidar las formas. La atención debe estar siempre presente y vigilante en cualquier relación humana.

No todos aquellos que giran en torno a la esfera familiar afectiva tienen las mismas características. Con cada uno se vive un momento especial, único e irrepetible.

Por lo tanto, las relaciones deben dirigir siempre la atención hacia las particularidades de cada uno.

Con una hija joven y romántica, utilizaremos un lenguaje y tendremos unas atenciones determinadas, diferentes de las que tendrá con el hijo filósofo, con el padre emprendedor y deportivo o con la madre dinámica y alegre.

Es necesario establecer cierta sintonía con cada uno, que nace de saber mirar, observar y entender.

Se puede estar cerca con una palabra, con una sonrisa, con un escrito, con severidad, con ironía, con seriedad, pero siempre con mucha intensidad.

El amor y el afecto no necesita forma, pero sí contenido. Una palabra dulce en el momento justo... y un escrito para puntualizar un momento particular, valen más que cualquier objeto o regalo, ya que nos hacen sentir importantes y ver que no estamos solos, que tenemos a nuestro alrededor gente que nos ama.

Las relaciones sociales marcadas por la cortesía

Las relaciones sociales son aquellas que provocan una mayor tensión, pero a menudo son de utilidad y, por lo tanto, no se pueden infravalorar. Son aburridas, pero esto no se debe dejar entrever. Son convencionales, y por lo tanto casi una obligación, pero debemos fingir espontaneidad. En definitiva, las relaciones sociales... ¡qué problema!

Existen personas muy especiales que consiguen mantener de manera perfecta sus relaciones con los demás, sea cual sea el motivo de la reunión —trabajo, relación, elección—, y estas personas son afortunadas, ya que poseen la gran cualidad del *savoir-faire,* del trato, de la prudencia de manera casi innata e instintiva.

La prudencia se puede alcanzar mediante atención pero, sobre todo, a base de las reglas que nacen de la cortesía.

En nuestras relaciones sociales no debemos olvidar que estar despistados o ausentes es un gran error: ninguna pregunta, ninguna información debe quedar sin respuesta. Si por compromiso nos hallamos ante personas que no son de nuestro agrado, pero con las cuales, por algún motivo, debemos coincidir, se debe tener en cuenta que incluso una negativa o una observación se pueden realizar con seria dignidad y cortesía. Esto nos hará seguramente menos antipático que un eventual silencio o un estar ausentes.

Siempre es mejor parecer veraces, y correctamente formales, que ser tomados por una persona sin educación.

¿*Son,* o *deben ser* diferentes las felicitaciones en la esfera social y mundana de las de la esfera familiar?

Algunos defienden que *deben* ser diferentes, dado que las relaciones que se establecen en la esfera social son más formales, más categóricas y menos comprometidas. Otros objetan que, en dichas relaciones que se instauran en la esfera social o mundana, no se debe infravalorar nada y se debe prestar mucha atención a la utilización de las palabras, a lo que se dice y escribe, y al tono, que no debe ser nunca excesivo ni en la familiaridad ni en la indiferencia. Todo ello puede ser verdad.

De hecho, las felicitaciones más difíciles de formular y de escribir son seguramente estas. Cuántas veces hemos llegado a irritarnos ante preguntas como: ¿Qué escribir? ¿Qué decir al director? ¿Será de buen gusto?

Pero, si por formalidad creemos que no debemos extendernos demasiado y que debemos ser, de todos modos, educados y amables en cualquier ocasión y en cualquier momento, basta utilizar tres o cuatro palabras de cortesía: «MUCHAS FELICIDADES, CON MIS MEJORES DESEOS, CORDIALMENTE, MIS RESPETOS, ATENTAMENTE, FELICITACIONES» y, a continuación, para ser lo más espontáneo y sincero posible, cosas que siempre son bien apreciadas como la inmediatez y la verdad. Esto es algo que no debemos olvidar, aunque hayamos tenido pocas o muy pocas ocasiones de ver a las personas con las que estamos en contacto en la esfera social. Ya sea esta persona el jefe de nuestra oficina, nuestro administrador, el propietario de la empresa en la que trabajamos, un subalterno, nuestra secretaria, alguna vez nos hemos cruzado con ellos, le hemos visto, hemos tenido algo que hacer con ellos, y hemos podido observar sus particularidades, sus manías y, por tanto, las pocas impresiones recibidas hacen que estas personas no sean del todo desconocidas para nosotros. Todo ello, unido a la consideración de su estatus y del nuestro, nos sugerirá las palabras justas y quizá las de mayor efecto.

En la presente obra encontrará alguna felicitación formal, pero no muchas, dado que en la esfera mundana y formal, lo mismo que en la privada, las relaciones siempre son particulares y personales.

En la llamada «esfera social» juegan un papel muy importante las sensaciones, las relaciones que se dan entre las personas a base de matices. Recrear todo ello habría sido casi imposible, o, por lo menos, una empresa titánica. Si, por cualquier motivo, se debe escribir una tarjeta de saludo o de felicitación a alguien que no hemos visto u oído ni una sola vez, debemos tener en cuenta que las palabras más convencionales (de las que ya dimos una pequeña muestra) son suficientes. Más aún cuando estamos seguros de que nuestra tarjeta será leída de manera distraída o, en el peor de los casos, pasará de una oficina a otra, de secretaria en secretaria, y llegará siempre en el momento más inoportuno. ¡Siempre llegará tarde! La esfera «formal o social» sufre de la burocracia. Por lo tanto, es preferible que simplifiquemos, dentro de los límites del sentido común y de la educación, cada contacto y cada relación haciendo que sea lo más sentida y sincera posible.

El refrán «la franqueza no es decir todo lo que se piensa sino pensar todo lo que se dice» siempre es cierto (también cuando se escribe) en cualquier relación, ya sea personal o formal.

El nacimiento

¡Ha recibido una comunicación de nacimiento!
Las tarjetas para anunciar estos eventos son de lo más dispares y numerosas.
A veces se trata de un tarjeta de visita acompañada de unas pocas líneas manuscritas:

Pablo y Luisa Blanco

anuncian con alegría el nacimiento de

Juan Luis

Teléfono   Dirección

---

o bien una tarjeta con una pequeña ilustración y compuesta de este modo:

Ya he llegado

Luca

Teléfono   Dirección

---

o bien:

> *He venido para hacer compañía*
> *a mamá Ana y a papá Elías*
>
> *Hasta luego, Francisca*
>
> Teléfono   Dirección

A veces, estas comunicaciones se envían por telegrama. El texto puede ser muy variado:

Con infinita alegría, Silvia y Mario Álvarez os anuncian el nacimiento de María.

Una espléndida criatura ha nacido esta mañana.
La mamá y el bebé gozan de óptima salud.
  Elena y Marcos Soria

Ya somos tres.
Está con nosotros Teresa.
  Juana y Carlos Gómez

También pueden aparecer estos anuncios en el periódico. Naturalmente no se trata de un anuncio destinado exclusivamente a los más íntimos, pero adecuado para responder a deberes de cortesía y de información que tienen que ver con relaciones más sociales y alejadas:

EL SEÑOR MÍNGUEZ Y LA SEÑORA ELISA SANZ
TIENEN EL PLACER DE ANUNCIAR
EL NACIMIENTO DE SU HIJA CAMELIA
ACONTECIDO EN CÁDIZ EL 21 DE SEPTIEMBRE

DIRECCIÓN

También se puede dar la noticia por teléfono y, en este caso, cada uno dará la noticia como crea mejor, con las palabras que les dicten la emoción de la circunstancia.

MARCO Y ELISA MARTÍNEZ
ANUNCIAN CON FELICIDAD
EL NACIMIENTO DE SU PEQUEÑA

LUCÍA

VALENCIA ¡ PLAZA DE LA VIRGEN, 12

Las felicitaciones

Todas las comunicaciones de nacimientos deben ser respondidas con una felicitación. Sólo el anuncio hecho por medio del periódico exime de esta obligación.
Se puede corresponder con una felicitación muy discreta y formal mediante una cartulina o un papel de carta:

Luisa y Mario Bono, felices por el anuncio del nacimiento de Elena, envían a sus padre Silvia y Ricardo Cortés sus más sentidas felicitaciones.

Queridos Ana y Marcos,
damos la bienvenida a vuestro pequeño, y esperamos que la madre esté pronto con nosotros en plena forma.

Si la relación es más íntima y profunda las felicitaciones pueden adquirir un carácter más discursivo y libre:

Queridos Ana y Jorge,
esperamos teneros pronto a cenar. A partir de ahora añadiremos un plato más en la mesa. El pequeño Matías, ¿es goloso como su padre?
Felicitaciones.

Felicitaciones a la madre

Muchísimas felicitaciones, mi querida Antonia.
Te mandamos a ti y a tu pequeño los más verdaderos y sinceros deseos de alegría y de grandes satisfacciones.
Mi marido se une a mí en esta expresión de nuestra felicidad y alegría.
Felicidades y hasta pronto.
  Un abrazo.

Felicitaciones al padre

Querido José,
hemos sentido mucha felicidad al tener noticias del nacimiento de Ángela.
A ti, a la madre y a la pequeña, los más sinceros deseos de gran alegría.

Querido Mario,
hemos tenido noticias del nacimiento de Silvio, felicidades.
Transmite a tu mujer, de mi parte y de parte de Marta, nuestros más profundos y queridos sentimientos.

A los amigos

Queridísimos...,
El nacimiento de Carmen nos ha llenado de alegría. No parecía faltarle nada a vuestra felicidad; sois jóvenes, amables, enamorados y perfectos... Carmen será una estrella más en vuestro firmamento.
Con afecto.

Queridísimos...,
Estoy segura que los ojos de Ariadna serán tan hermosos como los de sus padres. También ella, como vosotros dos, será una criatura excepcional.
Con todo el corazón.

La llegada de David nos ha conmovido.
También él, como vosotros, está en la lista de los amigos «intocables».

¡Muchachos, sois maravillosos!
José se ha añadido al equipo. ¿Es importante llegar a ser once?
Felicidades.

Como vosotros, estamos colmados de alegría: el nacimiento de Elena nos ha devuelto la sonrisa y el deseo de seguir esperando.

María y Andrea,
¡qué alegría! Vuestra familia es desde hoy más numerosa: los gemelos darán seguramente el doble de trabajo, pero también darán el doble de alegrías.
Con afecto.

Estoy exultante de alegría. Me siento conmovido y frágil. Este nacimiento me ha tocado el corazón.

Ha vuelto a darse el milagro.
Del amor ha nacido una nueva vida.
Del amor, estoy seguro, extraerá ella la energía para
hacerse mayor, para crecer.
Con mucho afecto, felicidades a todos.

Vuestra casa resonará de gritos, de risas, de sonrisas. Si
ello es posible, será cada vez más un nido donde el amor
verdadero será bandera.

Suave, tierno, dulce y frágil bebé, me has conquistado.
¿Y después? ¡Qué voz, qué temperamento!
Felicidades.

Sabemos que ha sido bastante difícil, pero el nacimiento
de Ingrid os compensa por el empeño, por el tesón, y por
la voluntad que habéis tenido.

A vosotros y a vuestro pequeño bebé los deseos más since-
ros y más profundos de fortuna y de buena salud.

¡En este momento no podía faltar!
Tomo del brazo a vuestra Marta, la beso y la vuelvo a
besar con afecto, y me deshago de ternura.
Con amor.

Crece deprisa, Juan.
En cuanto vuestro pequeño empiece a andar, lo llevaré a dar largos paseos por el parque.
Me estoy poniendo en forma para ser un abuelo «deportivo».
Felicidades.

Le contaré al pequeño Carlos, como he hecho contigo, mi admirable Carla, historias y fábulas. Volveremos a dibujar juntos un mundo de hadas.
Un beso a los tres.

El bautizo

Al nacimiento de un niño le sigue, en las familias católicas, el momento del bautizo.

La ceremonia del bautizo es una ocasión religiosa, sacramental, pero también un acto social para presentar al recién llegado a los amigos, a los parientes y a las personas queridas. También para estas ocasiones se hacen invitaciones impresas:

FRANCISCO Y MARÍA HIERRO
RECIBIRÁN A PARIENTES Y AMIGOS
CON MOTIVO DEL BAUTIZO DE CECILIA
SÁBADO 16 DE ABRIL, A LAS 17.00 HORAS

MADRID ¡ CALLE DE ALCALÁ, 26 ¡ TEL. 665.21.20 S.R.C.

---

o bien se avisará por teléfono a todos aquellos que deseemos que participen de nuestra alegría.

Naturalmente, el teléfono simplificará también las eventuales declinaciones de la invitación. Si se recibe una invitación por correo, se tiene la obligación de responder con una tarjeta elegante, en la cual se explicarán los motivos de la declinación con pretextos creíbles y amables: una enfermedad, la edad, un viaje, compromisos improrrogables, etc.

De este modo también se hará sentir a los amigos el placer y el honor de haber recibido esta invitación.

Ellos lo entenderán y, de este modo, no se sentirán incómodos.

Es una buena regla hacer llegar en esta circunstancia una felicitación, tanto si se nos invita como si no. Se trata de un momento especial para la pareja.

Cuando la relación es formal

En este día tan importante para vosotros, padres, queremos haceros llegar nuestras más vivas felicitaciones y nuestros deseos más sentidos.

Agradecidos por habernos invitado en este gran momento, os queremos hacer llegar a vosotros y a vuestro pequeño los más fervientes deseos.

Recibid nuestras más profundas felicitaciones y el deseo de grandes satisfacciones.

En este día especial, estamos cerca de vosotros y de vuestro niño con todo nuestro afecto.

Que la felicidad radiante de este día y su luz acompañen a vuestro hijo durante esta vida que empieza ahora.

En este gran día participo con todos vosotros con gran emoción.

Momento de gran emoción,
Estamos con vosotros.

Con la más profunda emoción, os envío deseos de vida,
felicidad y alegría.

A los amigos

Ahora también tú has entrado en la lista de los ángeles.

A un angelito, para que la mano de los Santos y de los
Arcángeles lo conduzcan por la vida.

Con este sacramento, te has convertido en cristiano cató-
lico. Que siempre estés orgulloso de serlo.

Te deseamos que el Agua Bendita que hoy recibirás te
conserve puro para siempre, y que la sal que provarás te
haga sabio y bueno.

Que el esplendor de este momento te acompañe por la
vida.

Con el deseo de que puedas crecer siempre en bondad, en
caridad y en Gracia.

Que los ángeles del cielo te protejan siempre.

Millones de deseos de que crezcas física y moralmente en serenidad y gracia.

Que el amor y la alegría de este día te acompañen toda la vida.

Que la vida te sonría siempre, pequeño, y no te olvides de ofrecer tus sonrisas a todos aquellos que te quieren y están cerca de ti.

Rezaré para que en torno a esta criatura siempre haya flores y perfumes.

Intenso perfume de flores...
Tú, lirio purísimo.
Con amor.

Una gran fiesta, para un pequeño tesoro.
Felicidades, felicidades, felicidades.

El bebé lleva un vestido blanco, está en la iglesia entre flores, músicas y perfumes, en brazos de su padrino o de su madrina. En casa, durante la fiesta, está en su cuna.
Aunque sea muy pequeño y parezca que sólo se preocupa de dormir, la fiesta es suya, no de sus padres. Las atencio-

nes, así como las felicitaciones, deberán ir dirigidas a él. Seguramente, en ese momento, no será capaz de apreciarlas. Las felicitaciones constituirán sus primeros momentos de vida escrita. Sus padres conservarán estas tarjetas en un álbum o en una caja especial para él.

Seguramente, será un momento de su vida, un instante que el bebé de ahora, aún inconsciente, recorrerá cuando sea más mayor gracias a estas líneas. Seguramente se conmoverá y tendrá un mudo y sentido agradecimiento para todos aquellos que participaron de la alegría cerca de él.

Te esperamos en el
Bautismo de nuestro hijo

Lucas

domingo 5 de septiembre a las 8.00 horas
en S. Ambrosio

Narciso y Silvia Arranz

Confirmación y comunión

Se trata de un momento especialmente importante: una etapa significativa en la vida religiosa de un niño católico. Pero también en otras religiones existen momentos precisos que deben señalarse y que para los niños, y para sus padres y amigos, pueden constituir un momento de encuentro, de intercambio y de emoción.

Así pues, sea cual sea la religión, esta es una ocasión de fiesta, de regalos, de felicitaciones y de invitaciones. Generalmente, el homenajeado, tiene ya la edad para poder escribir y, además de las tarjetas, que cada uno se preocupará de encargar en la imprenta y de enviar a los parientes con, por lo menos, veinte días de antelación respecto al día de la ceremonia, el interesado podrá escribir pos sí mismo su invitación a los seres queridos, comunicándoles la fecha de la ceremonia.

La tarjeta que se envía a los parientes, a los amigos o a las personas con las que se está relacionado de algún modo, será una tarjeta-recordatorio, con una imagen de inspiración religiosa en el reverso, o sencillamente blanca, con el nombre del homenajeado, la fecha de la ceremonia, la hora y el nombre de la iglesia o lugar donde se desarrollará la ceremonia.

A los eventuales invitados a la comida o a la recepción vespertina se les comunicará con una tarjeta o papel de carta aparte el lugar de encuentro.

Invitación escrita del comunicado:

*Es mi primera
Comunión.
Con alegría la anuncio
a las personas queridas*

Cecilia

*San Juan Bautista
1 de mayo de 1989
10.30 horas*

Participación formal y simple:

Juan Ros

*recuerda su
Primera Comunión*

*Barcelona, 20 de Mayo de 1989
Parroquia San Pere Màrtir*

Si no se quiere permanecer en un tono tan formal, la fórmula de invitación-recordatorio podrá personalizarse con frases o poesías:

En esta hora de infinita alegría,
envuelto en un velo espléndido
el Espíritu ha descendido del cielo
a mi corazón de inocente niña.
Con la paz profunda que invade
mi corazón
Te ruego, bendice a quienes me aman
¡oh Señor!

Elena

Primera. Comunión
San Francisco
11 de junio de 1987

A los abuelos y
a los amigos

El alma canta
vive una gran
Realidad
Estoy vestida de blanco
en un día de
primavera
y soy feliz

Ariadna

Primera Comunión
Valencia, 8 de Mayo de 1983

Si recibimos el anuncio de una ceremonia de este tipo, se debe hacer sentir nuestra presencia interviniendo personalmente o haciendo llegar al homenajeado una señal de nuestra participación: un regalo acompañado de unas líneas o, simplemente, una tarjeta.

Felicitaciones personales, pero de tono formal

La estima que nos une a tus padres y el afecto que sentimos por ti, nos hacen estar muy cerca en este día tan importante para ti.

Es un día importante para ti y para tu familia, nosotros estamos a tu lado con el afecto de siempre.

La amistad que nos une a tu familia nos hace sentirnos, en este gran día, como uno de vosotros.

Infinitos deseos de serenidad y de profundo regocijo.

Es un momento muy importante de tu vida: la profesión de la fe. Ser cristiana católica es ahora tu elección, condúcete en ella con valor y hallarás la felicidad.
Felicitaciones.

Felicitaciones a una pequeña vestida de blanco. Que tu corazón se conserve, durante toda la vida, puro y santo como ahora.

Sé siempre como ahora: serio, digno, puro y bueno. Tu fe te ayudará.

Que el esplendor de este día te acompañe toda la vida.

Los mejores deseos y muchas felicitaciones por este santo día.

Que el Espíritu Santo descendido sobre ti, te ilumine, te indique siempre el camino y fortifique tu voluntad.

Gracias por habernos invitado a esta gran fiesta. Compartimos contigo y con tus padres la alegría de este momento.

Las amigas de tu madre te desean una eterna primavera.

Queridísima,
Margarita y Andrés te desean que la limpia serenidad y la profunda alegría de este día duren eternamente.

Palabras para un sentimiento más íntimo

En este santo día estamos cerca de ti con todo el corazón.

Hoy que estás tan cerca de los ángeles, acuérdate de nosotros en tus oraciones.

En el regocijo de cantos celestes, la resplandeciente blancura de tu alma nos envuelve y nos hace sentir mejores.

Muchas felicidades en este gran día.

Tu alma debe transparentarse siempre en tus ojos. Consérvalos siempre como ahora: limpios, buenos, luminosos.

En este día te abrazamos para gozar de tu celeste luz.

Te queremos tanto; sé tan hermoso que parezcas un ángel. ¡No! Sé un ángel.

Los ángeles que danzan a tu alrededor entonan un canto celestial. Que su música te acompañe durante toda la vida.

Sé siempre humilde, generoso, capaz de comprender y de dar.
De ello te llegará todo lo bello que tu corazón puede desear.

Que la vida te reserve un futuro radiante y la luz te ilumine siempre el camino.
Deseos de flores, de pétalos, de música, de mariposas, de luz.
¡Conserva siempre tu perfume de Gracia!

Es un día sencillo. La Gracia a descendido sobre ti para indicarte el camino de la fe: recórrelo, ¡te dará tanto!

Que el candor de tu alma sea el símbolo de tu ser durante toda la vida. ¡Darás tanto a todos!

Con mucho amor en este día Santo y que tus oraciones siempre lleguen al cielo.

Un pequeño ángel con las manos juntas. No necesitarás voz para que tus oraciones lleguen al Paraíso.

Hoy ha descendido un querubín desde el Paraíso. Su voz es música, su luz es esplendor.

Sones de arpa
música celestial...
un jardín florido...
un alma pura.
¿Acaso estamos en el Paraíso?

Intercede por mí en tus oraciones; en este día extraordinario tú estás muy cerca de Dios.

La primavera no es tan sólo una estación, puede ser una forma de vida;
con sol, con luz, con flores y siempre fecunda. Deseos de eterna primavera.

Estás vestida de blanco, radiante y cándida como tu alma.

Te abrazamos con una felicidad sin fin, pequeña hada blanca.

Los más afectuosos deseos de que la felicidad de este día te acompañe durante toda la vida. Un cálido abrazo y un afectuoso beso.

Esta serie de numerosas tarjetas de felicitación puede ser utilizada también en otro tipo de ocasiones, modificándolas y adaptándolas. Seguramente su sensibilidad le sugerirá cómo hacerlo.

El compromiso

Generalmente, el compromiso es un momento especial, pero bastante privado. Son pocas las familias que invitan de manera formal al compromiso de un hijo o una hija, aunque, en estos tiempos, todo es bastante relativo... sobre todo un compromiso, que debe considerarse como un momento de transición en el que dos personas, que se conocieron un día, proyectan unirse en matrimonio.
Pero, de cualquier modo, puede suceder que le lleguen noticias de un evento de este tipo, que sean invitados, y que quieran participar de alguna forma.
He aquí una serie de felicitaciones que pueden utilizarse y ser enviadas bien a ambos protagonistas o a aquel o aquella al que se tenga más confianza. Pero se debe recordar que, hoy en día, el compromiso puede ser el preludio de una convivencia, por lo que puede ser considerado como una especie de matrimonio. Por lo tanto, las felicitaciones pueden ser también las mismas que se escriben para esas ocasiones.

¡Felicidades! Buena la habéis hecho... Manteneos juntos y amaos.

Tu chica es muy hermosa, eres afortunado.

También los ojos desean tener su parte.
Además de interesante, culto y brillante, tu compañero es
también muy hermoso. ¡Qué suerte tienes!

Qué le vamos a hacer... realmente mandan las mujeres.
Pero a nosotros ya nos gusta, ¿verdad?

Que anegaros en este amor os sea grato.

Lo importante es quererse, tanto... el tiempo como las
cosas tienen poca importancia.

Felicitaciones: juntos formáis «la pareja más bella del
mundo».

Dice una canción: «Roma no hace tonterías esta
noche...», pero las ha hecho y su magia os ha conquistado.
Felicidades.

Muchas felicidades.
Sois tan parecidos que seguramente vuestro caminar jun-
tos os llevará lejos.

Con el deseo de que vuestro afecto os lleve a superar cada
adversidad o contrariedad.

Lo importante de cualquier relación es la comprensión y la voluntad, pero también la ironía y la sonrisa. Felicidades.

Os deseo lo mejor, soy feliz por vosotros y por vuestros padres. Todos os queremos mucho.

¡Bravo, muchachos! Estáis juntos, amaos mucho.

¿Está todavía de moda comprometerse?
Evidentemente, sí; como solterón impenitente, soy feliz por vosotros.

Soy feliz por vosotros... ¡envidio un poco vuestro amor!

¿Qué hacer? Cupido todavía lanza flechas... y a juzgar por vuestros ojos de enamorados, sus dardos no hacen daño.

Has encontrado la horma de tu zapato. ¡Con su temperamento, estoy seguro de que te domará!
¡Hasta los más impenitentes acaban por ceder! ¡Ayudadme, que me quedo solo!

Vuestra determinación ha ido más allá de las convenciones. Sois valientes, vuestro amor es ganador.

¡Amarse siempre y no casarse nunca! ¿Quién lo dijo? Yo quiero asistir a vuestra boda. ¿Entendido?

Aparecerá el peligro de conocerse, de descubrirse, de la espera; sabed vivirlo con seriedad y alegría.

Cogeos de la mano y sabed miraros siempre a los ojos. Con afecto.

Nadie ha nacido para estar solo y tampoco tú eres una excepción. Felicidades.

La amistad o la cortesía que deberían unirlos a la pareja sugerirán, seguramente, otras palabras mucho más adecuadas. No debe olvidarse que, de cualquier modo, en asuntos amorosos la discreción es lo mejor. Entre él y ella vale la pena no interponer a veces ni una sola hoja de papel, a menos que lo que se les escriba sea simpático y sincero.

El matrimonio

«No existe más matrimonio en el cielo que el amor», decía Edgar L. Masters.

Sin embargo, sí existen todavía matrimonios. Matrimonios entre personas jóvenes, menos jóvenes, y a veces bastante ancianas.

El matrimonio es siempre un momento mágico y muy especial entre dos personas que se aman, se desean, se comprenden y deciden intercambiar una promesa:

«En lo bueno y en lo malo, en la riqueza y en la pobreza, en la salud y en la enfermedad... seré tu mujer ¡ o tu marido¡ .»

A menudo, los jóvenes de hoy viven este momento con extrema simplicidad; y en algunos casos tienden a eliminar todas las formalidades relacionadas con esta situación. Sin invitaciones, con sólo una llamada telefónica a los amigos para comunicar la fecha y un alegre encuentro para tomar unas copas todos juntos. La juventud suele justificar este comportamiento por su voluntad de estar fuera de los esquemas convencionales.

Pero el día del matrimonio sigue siendo un momento especial en la vida de una persona. Entonces ¿por qué no vivirlo con todos los convencionalismos de la ocasión? De esta manera también se da una alegría a los padres que, seguramente, siempre viven este momento con mucha emoción.

Hablemos primero de las invitaciones de boda.
Las participaciones pueden ser de dos tipos.
1. Los padres de los que se desposan invitan al acontecimiento.
2. Los que se desposan invitan a su boda.

Esta es la clásica tarjeta enviada por los padres a los
parientes y amigos:

Francisco de la Torre   Juan de Pablos
y María de la Torre Ventura   y Marta de Pablos Roca

invitan a la boda   invitan a la boda
de su hija Ana con   de su hijo Marcos con
Marcos de Pablos   Ana de la Torre

Sevilla, 2 de septiembre de 1988
Basílica de Santa Marta

Sevilla – Vía Augusta 36. Málaga – Avda. del Socorro 224

Esta otra es la tarjeta enviada por lo esposos:

Cecilia Rodríguez   Antonio Bernabé

anuncian su matrimonio
Lugo, 1 de abril de 1987 – 17.00 horas
Iglesia de San Juan Bautista

Lugo

Las participaciones de boda son una mera información, una simple comunicación que invita a participar en la ceremonia.

Para una eventual invitación a una recepción, a una cena, a una comida o a un cóctel, será necesario añadir una tarjeta a la participación. En ella se informará del lugar, hora y ciudad donde se realizará la fiesta.

Cualquiera que reciba una participación de bodas tiene la obligación de hacer llegar sus felicitaciones.

También en este caso el sistema utilizado puede ser una llamada telefónica, una tarjeta o un telegrama.

También el envío de un regalo debe ser acompañado siempre por una tarjeta.

Se puede escribir a los dos futuros esposos y desearles mucha felicidad. En cualquier caso, se debe tener siempre presente, en el momento de preparar las felicitaciones, la edad de los novios, la relación que se tiene con ellos o los lazos de parentesco. Las tarjetas de felicitación, ya sean formales, amistosas o fraternales, deben nacer siempre del sentimiento.

Relación formal, pero con felicitaciones afectuosas

En este día de gran fiesta y felicidad os hago llegar mis más fervientes felicitaciones y quiero compartir con vosotros mi más sentida satisfacción.

Mis más sentidas y fervientes felicitaciones.

Mis más sinceros deseos de grandes satisfacciones.

Quiero estar presente en este importantísimo momento con el sentimiento más sincero de alegría.

Que este día de gran felicidad sea para vosotros el inicio de un largo camino de momentos extraordinarios e interminables.

En la vida en común es bastante fácil convertirse en esposos; más difícil, pero maravilloso, es convertirse en cómplices, amigos, compañeros de viaje. Con mis más afectuosos deseos de felicidad.

A los esposos.
Que este día que os ve felices y unidos dure para vosotros toda la eternidad.

Que la sonrisa y la alegría de este día os acompañe toda la vida.

Con vosotros en este día, con los deseos más cálidos y las más fervientes felicitaciones.

Felicitaciones y fervientes deseos de un radiante futuro juntos.

Vivir juntos será un placentero descubrimiento: señales, gestos, hábitos, placeres... todo siempre con mucho humor y fantasía.

Cuando las palabras son sentimientos

A veces puede ser duro caminar juntos por la calle de la vida, pero vuestro amor os enseñará cómo hacerlo, siempre. Felicidades.

Muchas felicidades a mis dos queridos esposos para que la alegría de hoy inunde vuestra vida.

Hoy habéis cumplido un sueño y sois esposos. Amaos siempre como ahora.

Que la pasión, el amor y la estima os unan siempre como en este día.

En un día de amor y de magia no se puede menos que hacer cantar al corazón. Con afecto.

¡Alerta Juan! Lucía es la más bella de las princesas.

Sobre un caballo blanco por maravillosas praderas. Siempre con la alegría y el amor de hoy.

Os hago llegar los deseos más sentidos y las más fervientes felicitaciones.

«Amor que nada ha amado
amar perdona»,
Tomaos uno al otro con fuerza y no os abandonéis jamás.

Una fiesta, un paso de danza, un palpitar de alas, una
emoción.
Que vuestra vida sea todo esto siempre, siempre, siem-
pre.

El telegrama para la boda

Enviar un telegrama suele ser habitual, sobre todo cuando el matrimonio vive lejos de nuestro domicilio. También este, al igual que las tarjetas, pueden tener un carácter formal:

Felicitaciones y fervientes deseos.
Pablo y familia.

Imposibilidad de asistir por causa de indisposición, envío
fervientes felicitaciones.

Fervientes felicitaciones.
Os deseo un alegre futuro.

Larga felicidad.

Imposibilidad de asistir, mi corazón está con vosotros, os deseo muchas felicidades.

Fervientes deseos de felicidad y prosperidad.

Si la relación con los esposos es más íntima, también el telegrama podrá ser más personalizado y rico en palabras:

Que la sonrisa de este día no conozca el ocaso.

Que la lluvia del amor riegue vuestro largo y feliz camino.

Deseo a vuestro amor generoso y comprensivo frutos copiosos, fecundidad y paz.

Que la felicidad de hoy no conozca final.

Nuestro corazón está con vosotros; participamos de vuestra felicidad y os deseamos todo el bien del mundo.

Brindo por vuestro amor y por vuestra alegría.

Recordándote en tu día más hermoso, deseo mucha felicidad y serenidad para tu nueva vida.

No pudiendo estar cerca de vosotros, os enviamos desde la distancia nuestros más sinceros deseos de felicidad.

Deseo infinito bien para vuestras almas en armonía.

Al expresaros mis felicitaciones más fervientes, formulo los más bellos y afectuosos deseos.

Dos nuevas estrellas brillan en el firmamento del amor. Sed felices.

Que sepáis conservar innata la fantasía. Es la mejor terapia para hacer durar el amor.

Aceptaos con total integridad. Virtudes y defectos son la sal de la pareja.

Impenitente solterón, ya has encontrado quien te eche el lazo.

Al contrario que dijo Dante, más que el ayuno pudo el amor.

Creo que es bueno capitular... antes o después también nosotros seremos de los vuestros.

Las bodas de plata

En estos tiempos, en los que todo cambia tan aprisa, lo que antaño era de una forma ahora puede ser de otra completamente diferente.

El mundo moderno está en continua evolución. Nos habituamos a los cambios y a las modificaciones y con el rápido mudar de los acontecimientos casi no nos asustamos de nada.

También en el campo de las relaciones parece válido este criterio. Las amistades nacen y mueren, las relaciones duran una mañana, los amores son intensos, pero a menudo breves...

En una relación amorosa 25 años de vida en común es un evento maravilloso y extraordinario. Quienes alcanzan a vivirlo, para hacer llegar su sentimiento a quienes les aman, lo celebran e invitan a sus amistades.

Celebramos nuestras bodas de plata.
Veinticinco años de días juntos... de amor recíproco, de entendimiento en común, de conquistas y de luchas.

A veces, se participa este acontecimiento mediante una invitación impresa a una comida, a una cena o a un cóctel.

Esta invitación a comer o a cenar no deberá contener el motivo: son lo suficientemente amigos y próximos a la pareja para saberlo ya.

Seguramente, alguien ya le pondrá telefónicamente al corriente, a fin de que no asista al acto sin un pequeño regalo o un ramo de flores, como conviene llevar en una ocasión de este tipo.

Celebrar las bodas de plata o de oro (25 años o 50 años juntos) también puede ser un acontecimiento al que inviten formalmente los hijos de los homenajeados.

También esta acción es una forma de expresar la propia alegría y, por supuesto, de hacer un regalo a los padres.

En estas ocasiones, también es grato estar presentes aunque sea con una simple felicitación que hará sentir su alegría y participación en el acontecimiento.

¡25 años!
De historia, de amor, de lucha, de lecho, de playa, de presencia, de ausencia, de cosas dichas y no dichas, de alegría, de sonrisas, de lágrimas, de enojos, de paces, de caricias. ¿Y después de todo eso qué? Otros 25... de viajes, grandes hoteles, joyas, coches, pieles, y un lecho de seda... en el que por siempre quede innata vuestra juventud.

¡25 años!
¿Es acaso un mérito? Felicidades.

Dicen que las gaviotas se inventan señales de vida, juegos de amor, con piruetas de vuelos. ¿Qué habéis hecho vosotros para durar tanto?

Hermosos, frescos y radiantes a pesar de vuestros 25 años.
¿Cuál es la receta? Felicidades.

Vuestra unión tranquila y no monótona, sólida pero nunca acabada, es un ejemplo a tener en cuenta. ¡Felicidades!

La vida es larga y pesada, pero vosotros sois capaces de transformarla día a día para convertirla en una creación divina.

Debo reconocer que vuestro humor y vuestro amor no tienen parangón. Siempre habéis sido una extraordinaria pareja.

Ya tenemos todos el cabello blanco, pero vuestros ojos son tan amorosos como antes.
Con afecto.

Veros juntos, tan serenos y unidos nos llena de alegría.
Otros 25 años más, y otros 25...

¡Cuánta paciencia, cuánta dedicación, pero cuánta alegría y cuánta conquista!
Bravo, sois excepcionales.

Todos estamos a vuestro lado.

Nos abrazamos para celebrar el triunfo del amor.

Nos habéis dado una gran lección de vida.
Gracias.

Como siempre, pujantes, agresivos, vivaces, atentos...
como siempre, tan enamorados. ¡Felicidades!

¿Pero no os habéis cansado nunca? ¡Tradicionalistas
impenitentes!

«La vuestra» es una historia infinita.

Hemos sido testigos de vuestro gran amor. Reafirmamos
nuestro testimonio para los próximos 25 años.

Existe un truco, pero no se dice.
Por favor... ¿cuál es?

¿No escribiréis un manual sobre cómo conseguirlo?
Habéis sido tan capaces que no podéis guardarlo en
secreto.
Sois «mis más maravillosos» amigos casados.

¡Más casados que ahora no se puede estar!

Cóctel de plata:
amor, respeto, estima, pasión, dedicación.
Y, ¿una pizca de picante?

Una curación

El mejor deseo que se puede ofrecer a una persona es «que estés siempre sano como un león», pero las nuevas teorías han demostrado que, desgraciadamente, hasta los leones enferman... También algunas veces nos pueden llegar a atacar las enfermedades, o podemos no estar muy bien de salud. Normalmente esos son siempre momentos malos, e igualmente es un mal momento cuando las enfermedades atacan a personas que amamos. La enfermedad es un estado particular en el que uno se siente muy vulnerable, muy frágil, y para ayudar a superar esta angustia, a veces, además de las curas y las medicinas, la presencia y la cercanía de las personas que consideramos amigas pueden resultar milagrosas.

Nunca debe faltar un amigo ¡ con una llamada de teléfono, un escrito o un buen deseo¡ en la terapia de curación de un enfermo.

Espero verte en forma muy pronto. ¿Cómo voy a jugar solo al tenis?

Sólo te concedo cuatro días más. Después, se acabaron las excusas... a curarse, o si no me va a dar algo a mí. Hasta pronto.

He encontrado una lámpara mágica en un pantano. El único deseo que tengo es: que te cures pronto.

Ya no soporto más que sigas enferma. Mejórate, que esta noche te contaré fábulas de amor.
Aunque no estés del todo en forma, déjate raptar.

¡Pasará! Tu fuerza vencerá... tu curación será mi vida.
Hasta pronto.

El amor es vida.
Amor mío no te des por vencido, yo te espero.

El sufrimiento es un instante, la belleza de la vida es infinita.

Di que tenías ganas de reposar... pero no te quedes postrada más tiempo: se podría resentir la compañía.

Todos te esperamos con ansia, vuelve pronto curada... no sabes cuánto te mimaremos.

Has sido muy fuerte.
La prueba ha sido dura... pero nos has dado a todos una lección de coraje.

Nuestro afecto será tu mejor terapia. Vuelve pronto.

Te queremos curada y en forma...
Nuestros mejores deseos.

No todos los males hacen daño.
Dicen que la fiebre hace crecer... Pero si no te curas pronto acabarás convirtiéndote en un gigante, ¿y nosotros qué haremos?

En fin, estamos cansados de no verte aquí... ¿entendido?
Vuelve curada, enseguida.

Te echamos de menos, te echamos de menos.
Queremos verte pronto con la mejor de tus sonrisas y en plena forma.

No te olvides de que tenemos una cita.
Cuídate y cúrate pronto.

No tengas miedo... estamos a tu lado.
Todo irá bien.

Se que has adelgazado un poco... pero sigues igual de bella. Te quiero.

Te abrazo con todas mis fuerzas, suave cachorrito; si alguien te hace daño, llámame. Cúrate pronto.

Sin ti, estamos todos muy solos... haz todo lo posible para curarte y volver pronto a nuestro lado.

Los médicos han dicho que no quedará ni rastro de esa mala experiencia. Créelo; serás siempre igual de espléndido.

Con la fiebre debes ser aún más cálida... me gustaría estar enfermo a mí también.

Sin ti, nada es como antes... falta tu sonrisa en esta casa. Cúrate y vuelve pronto.

Pequeña, te echamos de menos.
Esperamos que no te hagan demasiado daño. Cuando vuelvas cubriremos de besos tus heridas.

Para los enfermos de amígdalas se aconsejan los helados; te hemos preparado uno, está en el frigorífico, es enorme... Vuelve pronto.

Dentro de poco todo esto pertenecerá al pasado... Te ayudaremos a olvidar y a sanar deprisa. Hasta pronto.

Tómate todos los medicamentos que te den, sin rechistar. Debes curarte lo antes posible.

Me han dicho que eres un paciente muy bueno, que te curarás rápidamente. Estoy seguro de ello y te espero en forma, cuanto antes.

Las felicitaciones deseando la pronta recuperación pueden ser mucho más formales y menos comprometidas, sobre todo si la relación con la persona enferma no es estrecha. Recuerde que siempre es agradable recibirlas, ya que si se encuentra enfermo, le gustará no sentirse solo o abandonado

También los «grandes» enferman

Deseamos vivamente que te cures pronto.

Cuando el jefe se pone enfermo, los ratones bailan... ¡cúrate pronto, estamos al borde del mareo!

Nos duele su enfermedad y le deseamos una pronta curación.

Su ausencia es difícil de soportar, ¡vuelva pronto!

Con el deseo de que recupere muy pronto su salud.

Pronto volverá a estar sano. Este es el deseo más sincero que le formulamos con profunda devoción.

Cuídese; es indispensable.

Déjese mimar... la enfermedad sirve a veces también para eso. Mis mejores deseos.

Esperamos que estés cuanto antes al pie del cañón... sin el «jefe» nos sentimos abandonados.

Estamos cerca de usted con afecto.
Cuídese y no se preocupe de nada.

No soportamos saber que está enferma. Nos falta su comprometida capacidad y su determinación. Cúrese pronto.

Nos sentimos abandonados. Vuelva pronto, le esperamos todos.

Nuestros más sinceros deseos de una inmediata curación.

¡Saber que está enfermo nos entristece!
Muchos deseos de una pronta curación.

Este período de su ausencia forzosa nos ha hecho comprender lo imprescindible que es. Nuestros mejores deseos.

Licenciatura y doctorado

Cualquier ocasión es buena para ver a los amigos, para hacer una fiesta con ellos.

La música y la alegría nos llenan, nos aturden... nos hacen participar de un momento particular e importante para nosotros, para nuestra vida, porque nos permite confiarlo a la memoria seguros de que nunca se marchitará. Tan sólo un pequeño recuerdo o algo particular bastará para que, con el tiempo, vuelva a emerger ese recuerdo, siempre con la misma importancia y los mismos colores.

Acabar los estudios, conseguir una licenciatura o un doctorado suelen ser motivos para celebraciones. Se trata de un momento importante entre los muchachos, pero también para la familia.

Es cierto que este momento no siempre coincide con el ingreso activo en el mundo laboral pero, sin embargo, es un gran paso en esa dirección: la conclusión de un período de estudios muy comprometido, con tensiones y a veces preocupaciones. El joven (o la joven) licenciado o doctorado celebra el acontecimiento con familiares y amigos.

Nosotros, que estamos a su lado, ¿qué podemos decir, escribir o desear?

Una vida llena de éxitos y satisfacciones.

¡Querido doctor...! No se dé aires, por favor.

Por fin ya no tendrás más la excusa de los estudios. Desde hoy, saldremos siempre.

Has sido muy inteligente. Estamos orgullosos de ti.

¡No está nada mal! ¡Ingeniero a las 23 años!
Felicidades.

Has dado una extraordinaria prueba de determinación y de firmeza. Deseos de grandes éxitos.

¡Serás un gran «mánager», tienes madera!

Has dado un paso muy importante: ahora te espera una larga vida de proyectos, no decaigas nunca. Felicidades.

Siempre hemos confiado en tus posibilidades... has sido excepcional.

Sobresaliente Cum Laude
¡Siempre tan megalómano!

¡He aquí un insigne de los tribunales!
Siempre seremos tus fans.

Ahora, ¿no tendremos que tratarte de usted, verdad, doctora?

Te quiero trabajando conmigo... eres demasiado inteligente para dejarte escapar.

Estoy segura de que serás un famoso y gran reportero...

Bravo – bravo – bravo

Mi siento intimidado...
¿Qué se siente después de haber superado la línea de meta?

Señoras y señores:
He aquí el gran,
el genial... Doctor...

Ahora haremos unas largas vacaciones.
Por favor, déjate en casa los libros y las gafas.

Te envidio... y te admiro.
Felicidades.

Date a la buena vida. Después de tantos años de estudio, ¡mereces realmente un premio!

Todos estamos muy orgullosos.

Este diploma te abre muchas puertas, no tengas miedo de cruzarlas.
Pronto encontrarás la que más te conviene.

Ahora tienes que adquirir experiencia... No te preocupes ya por tu currículum de estudios, demuestra de lo que eres capaz.

Ahora te espera la universidad. Me invito a la próxima fiesta. Felicidades.

Años y años de éxito, de conquistas, de salarios.

¡Ahora la carrera! Vívela con la misma modestia y la misma inteligencia con las que siempre te has distinguido.

¡Lo lograste! Eres magnífica.
Con mis deseos de que el mundo del trabajo no disuelva tu alegría.

Conserva siempre la misma determinación y la misma voluntad, llegarás lejos.

Te deseamos éxitos, viajes, realizaciones, pero, por favor, no te olvides de los amigos.

La mayoría de edad

Hace algún tiempo, la entrada en la sociedad acontecía a los 21 años. Hoy en día se es mayor de edad a los 18 y se es responsable a todos los efectos de nuestros comportamientos, de nuestras decisiones y de nuestras acciones.

Querida niña mía, hoy es también para ti un día muy importante...

«Querida,
esta es una cita a la que de ninguna forma podía faltar: tus 18 años.
Siento una emoción indecible de relacionarme contigo, ahora que ya no eres una niña.
Durante todos estos años ha sido fácil hacerte sonreír, darte pequeños consejos; en el fondo los niños no crean demasiados problemas, sin embargo, ahora ya eres una adulta y hay que empezar a tratarte como tal.

¿Qué quieres que te diga? Los dieciocho años son maravillosos; todavía mantengo en la memoria, un poco diluida, la nostalgia de los míos. Son maravillosos, pero increíblemente problemáticos. Tienes la vida por delante, pero esa vida te la debes construir, construyéndote a la vez a ti misma, día a día, paso a paso.

Querida niña, tendrás días de sol y de lluvia, días de tranquilidad y de temporal, pero así es la vida, la de todos y no sólo la tuya. Se necesita mucha voluntad, mucha dignidad para vivirla, sin esperar demasiado de nadie. Tu conciencia te dará el sentido de las cosas, te guiará en tus decisiones, sean las que sean, justas o equivocadas, debes saber defenderlas.

Pero sin obstinación, Ariadna, sin presunción, porque a veces, en la vida de todos, los días tienen aristas y, en nombre de una hipotética coherencia y presunción, no se es capaz de dar un paso atrás para cambiar, entender, escuchar, rectificar. Sin embargo, un mínimo de humildad, que te deseo que conserves siempre, te permitirá verlo todo con los ojos más claros y sufrir un poco menos. Eso te hará mejor y, por tanto, más capaz de comprender a los demás y, comprendiéndolos, serás también comprendida.

Te deseo una vida afectivamente rica, una vida de éxitos sociales, una realización profesional que te gratifique y te haga más aguerrida. No deseches de entrada las experiencias, con ellas se hace uno adulto, y con una actitud sin miedo las podrás afrontar y apreciar de la forma justa. Te deseo que siempre camines con la cabeza bien alta, orgullosa de tus pensamientos y de tus acciones, haciéndonos sentir también a nosotros, que para lo bueno o para lo malo somos tu familia, que un mundo hecho de bondad, de voluntad, de entendimiento —incluso en los errores— se perpetuará en el tiempo a través de ti. A una «gran» muchacha con el más verdadero afecto.

Este acontecimiento es tan importante que merece más palabras... muchas palabras. Aunque también una breve tarjeta, muy sentida y de sentimiento vibrante puede convertirse en un recuerdo maravilloso para la muchacha o el muchacho que entran a formar parte del mundo de las leyes de los adultos con la mayoría de edad.

Felicidades, hermoso muchacho de ojos grises. Gracias por tener los maravillosos dieciocho años que tienes.

En tu juventud, yo me encanto y me pierdo.

Ahora ya eres mayor... dicen.
Muy bien, ¡ahí tienes las llaves de casa!

Aunque ahora los mimos te parezcan superfluos, déjame hacerte alguno de vez en cuando, mi pequeño gran hombre.

Utiliza las llaves con discreción. Las muchachas siempre tienen muchos amigos, ¡y los rumores corren!

Mi principesa... sé siempre como ahora: alegre, dulce y tierna.

¡Quiero llevarte a ver las estrellas! Podremos volver un poco más tarde ahora que tienes dieciocho años, ¿verdad?

Voluntad, pasión, risa, alegría e ironía son los ingredientes para una vida... vida. Felicidades.

Eres una flor maravillosa, deja que tu perfume sea siempre el de ahora.

Desearía tanto tener tu edad para escalar montañas, para conocer mares, para descubrir nuevos horizontes.

No seas hosco, por favor, sonríe; la sonrisa no te hará ser menos adulto.

Muchas felicidades. Un cálido abrazo, mil sueños, fantasías, éxitos. No te olvides nunca que estamos aquí y te queremos.

Ya no podré llamarte más «mi pequeña»: ahora eres más grande que yo...

Mi mujercita, tenemos tanto de lo que hablar juntas... ahora hay tantas cosas más que nos permitirán estar siempre más cerca.

Somos amigos tuyos, no lo olvides nunca. No dudes en pedir cualquier cosa que puedas necesitar.

Es verdad que ahora eres mayor, pero también los mayores tienen momentos de debilidad.
No te avergüences de ellos y hablemos. Los afectos también sirven para eso.

Venga, corre hacia horizontes infinitos, allí donde la inmensidad es azul, la esperanza verde, el valor rojo. Sé siempre un hombre capaz de conservar tu dignidad y tu libertad.

Sé siempre tan exquisitamente encantador hasta ponerme celoso. ¿Permitirás, por favor, que alguna vez este viejo caballero de cabellos blancos, pueda ser tu acompañante?
Me harías feliz. Felicidades.

Confío al mundo una flor tierna y primaveral...

Con tus espléndidos 18 años estás radiante, solar. Consérvate siempre así.

Incluso algunas veces nos encontramos tan desarraigados a las costumbres, y las modas cambian a un ritmo tan vertiginoso, que existe el hábito, entre algunas familias, de celebrar el «baile de debutantes».
En otros tiempos, se trataba de grandes fiestas con magnífica pompa en las que los hijos, especialmente las hijas, de las familias nobles y de la alta burguesía eran

presentados en sociedad a todas las personas importantes durante un gran baile ofrecido en sus lujosas residencias. Las «grandes» familias, esas con nombres altisonantes, conservan todavía esta costumbre y ofrecen fiestas y regalos que suelen difundirse por la «prensa del corazón». También familias menos conocidas, pero igualmente deseosas de vivir y hacer vivir este momento a sus retoños, ofrecen para conmemorar los dieciocho años «bailes de debutantes», que se celebran cada año en diferentes ciudades españolas, organizados por empresas especializadas. El escenario no es ya el de una villa familiar, sino el salón de una casa-museo famosa alquilada para la ocasión. Se paga una entrada que incluye el baile, la música, el refrigerio y también la publicidad de este acontecimiento en la prensa.

¡El poder de la publicidad!

Entre valses, candelabros y músicas, la muchacha romántica, envuelta en su magnífico vestido de fiesta, va y viene entre los brazos del padre y del caballero elegido para la velada, quien, como el resto de amigos, ha sido invitado con una auténtica participación.

Mario y María Serrano
celebran
el 16 de diciembre
a las 21 horas
los 18 años de Elvira

Salamanca, Plaza de la Constitución, 22   *S.R.C.*

Un tipo de invitación-participación puede ser este:

Seguramente todo parecerá anacrónico y un poco falso, pero la frescura de la muchacha, su espontánea alegría y su delicada inexperiencia pueden excusar el resto.
Dieciocho años se tienen siempre y sólo una vez en la vida...
«Goza, muchacho mío, grato estado
es este, y alegre la estación.
Nada más te diré; mas que tu fiesta,
aunque tarde en llegar, no te sea grave.»

G. Leopardi

La nueva casa

Poseer una casa hoy día en propiedad es como ganar una lotería. Se acabaron los traslados, se acabó el pagar un alquiler que no otorga ninguna propiedad real. ¿He dicho poco? «Casa mía, casa mía, por pequeñas que tú seas, me pareces abadía»...

En este pequeño mundo acumulamos cosas, objetos, recuerdos que nos dan una dimensión de seguridad. Recibimos a los amigos, consumimos nuestra historia, la escribimos.

Poseer una casa nos da tanta alegría que, cuando la conseguimos, incluso a costa de grandes sacrificios y de muchas peripecias, nos hace ilusión inaugurarla, enseñar nuestro nido a los amigos.

Generalmente, la inauguración suele ser una velada especial. Con invitaciones telefónicas o por escrito comunicamos a los invitados el día de la fiesta.

En ese acontecimiento nos gusta recibir cumplidos, pero también felicitaciones escritas. Hagámoslo por nuestros amigos: escribamos algo, es un buen auspicio y casi una especie de magia positiva que hará ilusión a los dueños de la casa.

Habéis conseguido tener vuestro balcón bajo las estrellas. Bravo.

Vuestra casa es una maravilla.

¡Decidme el nombre del arquitecto!
Luisa, sabía que eras genial, pero en tu casa te has superado a ti misma.

La casa me ha parecido encantadora, y vosotros unos amos de casa perfectos.

No sólo es una casa magnífica, sino que además ofrece una cocina de gran «gourmet».

Inesperada, inusual... los colores y la atmósfera me han hecho sentirme en Oriente.

Vuestra pequeña bombonera es perfecta... los dulces... ¡deliciosos!

La fiesta en verde ha sido genial... viendo la casa he comprendido el motivo.
¡Entre el verde y el azul, he soñado el mar!

Un oasis de paz y de delicado abandono, en una ciudad que no da tregua.

He fotografiado con los ojos vuestra casa.
¡Desearía que la mía también fuese así!

Perfecta en todos los detalles
¿Se podía dudar?

Cuando llegue allí, volveré a encontrar la sonrisa de vuestra magnífica casa.

Escuchad: con un cojín en la entrada me haríais feliz...
¡Dejad que me quede en vuestra casa!

Maravilla de las maravillas.
No han sido los muebles o la disposición lo que me ha impresionado, sino la atmósfera. Sublime.

Faltaban las carrozas, pero he creído estar en un palacio.

Vuestro pequeño nido es como vosotros, espontáneo, vivo, amistoso.

La próxima vez me llevo las maletas y me mudo a vuestra casa.

Habéis sido afortunados, y también inteligentes.
No pasa todos los días.

El exquisito gusto que se nota por todas partes hace que vuestra casa sea especial.

Podría quedarme en vuestra casa sin salir nunca. ¿Hay algo mejor que hacer, dado que en vuestra casa está todo lo que uno podría desear?

¿Conseguiré alguna vez tener una casa como la vuestra?

Si alguna vez necesitáis un inquilino, tenerme presente... ¿entendido?

¿Haremos muchas más fiestas, verdad? Vuestra casa es ideal para la intimidad.

Vuestra vivienda tiene vuestro carácter.
Es tan hermosa que casi no parece de verdad.

En vuestro nido de amor podréis encontrar siempre todo lo que os haga falta.

Un refugio, una guarida, un palacio... y todo al mismo tiempo.

En vuestra casa no se puede decir que no se lee... nos veremos a menudo entre vuestros libros.

Vuestra cocina es de ciencia ficción.
Me he sentido como en un anuncio.

¿Qué os falta?
Sólo un bebé que ponga un poco de desorden.

Tu casa es como tú, perfecta.

La fiesta ha sido perfecta, y el marco digno de la fiesta.

Os imagino cómodamente tumbados en vuestros maravillosos divanes... mirando las estrellas.

Las ventanas de vuestra casa son la más hermosa de las pantallas. La vista quita la respiración.

Seguramente, la casa tiene un tono especial... no tanto por la decoración como por el espíritu de quien la habita.
No tengáis escrúpulos: si creen que son hermosos, pero hermosos por dentro, nada será más maravilloso que su casa, ya sea pequeña o grande, rica o modesta.
Debe vivirla para ustedes mismos y para sus amigos. No hay nada más hermoso que una casa abierta a los demás, donde sea normal decir: «Haz un sitio en la mesa que viene un amigo más, si apartas un poco la silla tú también cabes...»

Los regalos

Es hermoso recibir regalos, pero también hacerlos.

Es agradable ir a pasear viendo tiendas a la búsqueda de un regalo para una persona a la que estamos unidos, rebuscar entre las estanterías algo especial que sea de buen efecto. Un regalo no debe ser aparente, grande y caro para ser acertado, sino especial... debe demostrar que se conoce a la persona a la que va dirigido, que se han descubierto sus gustos, que en el objeto que se ofrece hay algo de él y de nosotros.

Un regalo es maravilloso, sobre todo cuando es inesperado, aunque se trate de un sencillo ramo de flores. Quizá amarillas, como las que nos gustan, porque preferimos este color. «Pero, ¿cómo lo has sabido?», dirá quien las recibe. Azar, coincidencia o atención.

El regalo es una cuestión de instinto, pero, especialmente, de búsqueda y atención. Un regalo también puede ir acompañado con un par de líneas.

Una tarjeta suele ser obligada si el regalo no se lleva personalmente.

Para acompañar un ramo de flores

Una flor para una flor.
Para demostrarte todo mi afecto.

Hubiese querido recogerlas una a una y confiarles a ellas palabras de amor.

Por la extraordinaria hospitalidad.

Amarillas y solares como tú.

Una rosa por tu exquisita gentileza.

Conserva los pétalos; a cada uno le he dado un beso para mi reina.

Para desearte una eterna primavera.

Para acompañar un perfume

A una chica que sabe de primaveras, un perfume de primavera.

El tuyo es el que prefiero. ¡Para poder volver a encontrarlo!

Duro como tú, pero también especiado.

Para volver a encontrar la magia de nuestra ciudad.

Para ti, mi perfume... para que la espera sea menos triste.

¡Alquimia seductora! Para ti es un añadido.

Me fascinas, me embriagas, me aturdes.

Para acompañar un disco, una radio, un radio-reloj, un casete

Para que despertarse por la mañana sea más dulce.

Que te acune siempre, como quisiera hacer yo.

Sé que es tu cantante preferido... pero créeme, yo soy mejor.

Es hermoso despertarse por la mañana con música.

Esta grabación es para ti... toda música es un dulce pensamiento.

¿Podremos escucharla juntos de vez en cuando?, ¿qué me dices?

Soy un estupendo director de orquesta... ponme a prueba.

La música es alegría; tú eres nuestra música.

Para acompañar un paraguas

¡Para que puedas cantar bajo la lluvia!
Siempre

Grande, para que los dos paseemos bajo la lluvia.

Floreado, para que los días de lluvia sean menos tristes.

No te lo dejes por ahí, como sueles hacer... ya no puedo regalarte más.
Felicidades.

Gotas de felicidad.

Quiero estar contigo también bajo la lluvia.
¡Te lo prometo! La próxima vez serán las botas y el impermeable.

Felicidad remojada.
Felicidad afortunada.

Para acompañar un libro

Con el deseo de que mi «fotógrafa» con ganas de hacer «carrera» no pierda su maravilloso lado «poético».

Un libro para decirte tantas cosas.

Es la última novela de amor, la próxima la escribiremos juntos, ¿quieres?

Pensamientos, frases, palabras despeinadas.

Por una sonrisa de ironía y de entendimiento, de paz, a la vuelta de tus desbaratados compromisos.

También los silencios tienen música y voz. Sólo necesitan un oído especial para ser escuchados.
Un beso silencioso.

Un libro que te acompañe durante las tardes en las que estaré lejos.

A mí me ha parecido muy hermoso.
A ti, para que podamos discutirlo juntos.

Un pañuelo, una recipiente de cerámica, una joya, un reloj, una caja de bombones, un juguete, un peluche, un aguinaldo... son infinitos los objetos que se pueden regalar y la lista sería muy larga. También son muchas las felicitaciones que los pueden acompañar.

Escoger bien es todo un arte. Hacer un regalo es muy fácil, pero lo que no resulta tan fácil es acertar.

En el arte de la elección entran en juego multitud de consideraciones: la personalidad del destinatario, su edad, su forma de vida, el tiempo y el dinero de que se disponen. De todas formas, un regalo no se debe hacer nunca a la ligera. Un regalo no se hace porque el objeto nos guste a nosotros, sino porque se cree que le gustará a quien lo va a recibir.

Pero, además del objeto, también cuenta la personalización de la tarjeta. Cuando se escriben tarjetas unidas a regalos, no se deben olvidar las características del objeto y de la persona que lo recibirá.

Jugando con estas características se pueden escribir frases simpáticas, alusivas, significativas, que transmitan nuestros sentimientos sin desvelarlos de manera demasiado clara... que hagan sentir que estamos allí aunque no lo estemos.

¡Esta es la fuerza de la palabra escrita!

Los agradecimientos

Este capítulo merece un tratamiento algo particular. El agradecimiento es un momento especial. Existen ocasiones en las que agradecer es lo mínimo que podemos hacer por alguien que se ha prodigado con nosotros o por personas que amamos. Algunos creen que basta con pagar con dinero las atenciones o el empeño que otros han tenido para estar a la altura; otros que, para zanjar la deuda, es suficiente un regalo. Un bonito agradecimiento escrito es siempre algo importante para quien lo recibe. Incluso en las prestaciones profesionales, si se reconoce que el profesional ha mostrado un empeño y un interés que van más allá de los deberes de su competencia específica, debe ser reconocido enviándoles unas líneas de agradecimiento.

A veces basta con escribir solamente gracias, pero no se debe ser avaro en palabras al expresar agradecimientos, ya que los motivos que nos llevan a agradecer algo a alguien son muchísimos. Más que presentar diferentes tipos de tarjeta, resulta más oportuno escribir una carta. En ella siempre se tendrá en cuenta el tono utilizado, en relación directa con el caso de la situación y de la persona a quien va dirigida.

Los motivos para agradecer pueden ser muy diversos: una participación en un evento especial, una invitación, el final de una colaboración, la aclaración de controversias, la búsqueda de un trabajo, la reparación de una casa o un objeto. ¡Y tantos otros que cada uno conoce!

Agradecer no es sólo un deber de cortesía, sino un síntoma de elegancia y de distinción. En las relaciones humanas siempre es preferible algunas palabras de más que algunas palabras de menos.

A un profesor

Esta es una ocasión para agradecerle todo lo que ha dicho y ha dado a nuestros muchachos. Le habrá parecido que algunos han tenido respuestas menos positivas que otros, lo cual es posible. Pero, como ya sabe, los jóvenes son siempre jóvenes y su inexperiencia justifica a veces su superficialidad y sus altibajos.

De todos modos, en todos ellos dejará usted un recuerdo de simpatía y dulzura de los años que han pasado juntos. Este recuerdo enriquecerá su juventud y ofrecerá momentos de sonrisa.

Con estima y gratitud,

Los padres

A un director de escuela

Dicen que los jóvenes, con sus problemas, sueños, fantasías, contradicciones, vitalidad, son una baño de juventud para todos nosotros. Usted que está constantemente entre ellos, lo habrá notado. Por otra parte, su disponibilidad, interdependencia y voluntad nos lo han demostrado ampliamente.

Gracias de parte de todos nosotros por lo que ha hecho, por las iniciativas que ha promovido durante estos intensos años que han vivido nuestros hijos.

Por una invitación

Su exquisita cortesía me ha conquistado.
Me he sentido amigo entre amigos. Esta noche he sentido la exacta dimensión de la hospitalidad.
Su sonrisa me ha permitido superar la timidez.
He respirado una atmósfera de gran estima y seriedad que me estimularán a no dudar en dar siempre lo mejor de mí.
Infinitas gracias cordialmente.

A un médico

Su preocupación ha ido más allá del deber profesional. En este mal trance ha sido emocionante encontrar tanta solidaridad y tanta humanidad.
Gracias, doctor: a usted también debemos nuestra sonrisa.

Al término de una colaboración

Querida...,
hoy termina nuestro «concierto» a cuatro manos. ¡Cuántos años ha durado! Te lo agradezco y te deseo un radiante futuro y días mejores.
Me gustaría que con el paso del tiempo no olvidases todo lo que hemos construido juntos.

Se puede agradecer por un regalo o por un favor recibido. El tema es tan específico que no será difícil encontrar las palabras adecuadas. Lo importante es que siempre se haga referencia a la situación y se exprese el placer y la emoción que nos ha proporcionado.

Esas tarjetas demuestran que un agradecimiento se puede convertir en poesía, provocando un instante de reunión mágico y profundo. Este es el papel del agradecimiento: conseguir recrear la emoción.

Si esto sucede, cada palabra será la justa y la persona que lo recibirá se sentirá seguramente más que pagado.

Observe la carta que presentamos a continuación. Es una forma sublime de reconocer el aprecio por una persona y transmitir este sentimiento. No faltan ni sobran palabras. Un buen ejemplo de cómo resumir en pocas líneas un mar de sentimientos, emociones y agradecimientos.

A S...

Como un río que fluye, la vida te lleva lejos de nosotros. Has dado tanto de ti, continuarás dando tanto a quienes se encuentren en la órbita de tu vida, porque eres una criatura nacida para dar. No fuerces tu manera de ser; sé siempre tú misma, sencilla, cordial, dispuesta a extender la mano para dar ánimo, para perdonar.

Hoy, al saludarte, te agradecemos el trozo de vida que nos has dado y te deseamos un radiante futuro, y un camino en constante ascenso.

Buen viaje.

Las congratulaciones

Las congratulaciones y las felicitaciones son dos maneras de definir la misma circunstancia: la sentida participación en un acontecimiento feliz para un amigo, un pariente o un conocido con el que tenemos relación.

Las congratulaciones son muy parecidas a las felicitaciones que se envían en ocasión de nacimientos o matrimonios, pero en este capítulo trataremos de las congratulaciones propiamente dichas: aquellas que se envían en ocasión de sucesos especiales, como una promoción, una condecoración, un premio literario, un premio teatral.

Estas circunstancias pueden darse tanto entre amigos como entre personas con una relación más distante. Es una buena regla seguir las normas que se han presentado en este libro:

— Escribir siempre con espontaneidad.

— Escribir con claridad y precisión.

— Usar cartulina u hojas de papel blanco para los amigos.

— Usar tarjetas de visita para las relaciones oficiales.

Un amigo querido que intenta trabajar en cine ha conseguido debutar como director de fotografía de un anuncio publicitario.

Usted sabe cuánto le ha costado conseguirlo, durante cuánto tiempo ha perseguido el proyecto, cuánto ha esperado a que eso sucediese. Ahora que lo ha conseguido no pueden faltar.

A un amigo con ocasión de un éxito

Querido...,
¡Lo conseguiste! No sabes el placer que me produce. Estoy contenta de que tu fuerza y tu coraje hayan sido recompensados. Estoy segura de que con tu creatividad sabrás llegar mucho más lejos todavía. Te renuevo mis más vivas congratulaciones; si tu nuevo trabajo te deja un poco de tiempo libre, escríbeme y cuéntame cómo te va.

A un actor o una actriz de teatro

Querida (o bien: Querido Señor...)
su interpretación ha sido sublime. He sentido su voz en la piel, en el corazón... y he sentido una emoción tan intensa que he temido que mi respiración pudiese destruir el encanto y la magia. Congratulaciones por su gran éxito. Reciba la expresión más viva y sincera de mi admiración.

Por la publicación de un libro

Querido F...,
he leído tu maravilloso libro. He encontrado tu alma en tu maravillosa poesía.
Mereces todo el éxito que tienes; estoy contento por ello. Vivísimas congratulaciones y deseos de otros numerosos éxitos.

A un compañero que ha sido promocionado

¡Ahora eres el jefe! Eres el mejor de todos nosotros. ¿Podremos seguir tuteándote? Estamos muy contentos y nos congratulamos con todo nuestro afecto y nuestra admiración.
Las innegables cualidades que te distinguían han sido premiadas y reconocidas.
Bravo.

Congratulaciones en tarjetas de visita

Marco y Ana Donato
hacen llegar al
señor Juan Garcés
sus más vivas felicitaciones
por su nominación a
Director General de la Sociedad X

Manuel y Ana Tudor
envían al
Dr. Andrés Castro
Comisario General
de Asuntos Exteriores
sus más vivas congratulaciones por su nominación y
confirman su más profunda admiración

En cualquier caso, sean cuales sean las palabras que se utilicen, se debe recordar que han de ser sinceras. Si no siente sana alegría por determinados acontecimientos, debe evitar escribir... esas tarjetas que podrían sonar falsas. La envidia es un mal sentimiento: ¡a un corazón puro, el cielo le ayuda! Y quién sabe si un día no recibirán ustedes una gran cantidad de congratulaciones.

Sinceramente, ¡es de esperar!

Las invitaciones

Siempre se desea ser invitado a manifestaciones culturales, al cine, al teatro, a cenar, a un espectáculo, pero también se quiere invitar: a una cena, a un concierto, a una fiesta de cumpleaños, a una excursión al campo. ¡No se puede vivir sin hacer invitaciones!

Le debe gustar la gente, conocer gente nueva, que los amigos conozcan a otros amigos..., charlar alrededor de la chimenea o de una mesa...

En estos momentos es muy importante la compañía, no perder el contacto... encontrarse de vez en cuando, concediéndose tiempo para escuchar, para transmitir sensaciones, para conocer mejor a los amigos. ¡Invitemos!

Las invitaciones se hacen en ocasiones de encuentros particulares. La costumbre de las relaciones «informales» entre amigos, y también entre conocidos, lleva a preferir las invitaciones dirigidas telefónicamente.

Naturalmente, cuando se hacen invitaciones, es necesario tener en cuenta lo siguiente:

1. *Las invitaciones deben hacerse con la suficiente antelación:*
— no el día de antes para el siguiente;
— no meses antes;
— cinco o seis días de anticipación es la medida justa.

2. Se debe comunicar al invitado el motivo de la reunión:
— una cena;
— una fiesta de cumpleaños;
— una fiesta después de cenar.

3. Se debe indicar quién intervendrá y el tono, elegante o no, de la velada:
— para que el invitado no se sienta desplazado;
— para que pueda elegir el vestido adecuado para la ocasión;
— para que no haya desagradables sorpresas.

Estas reglas valen especialmente para los invitados formales. Con los amigos más próximos todo es más simple e inmediato, aunque también con ellos la regla de la suficiente anticipación no debe ser olvidada.
Por otra parte, las invitaciones impresas pueden presentar una infinidad de tipos.
A continuación se encontrarán algunos ejemplos, pero una buena imprenta tendrá muchas muestras entre las que se podrá escoger la más adecuada según la ocasión.

FRANCISCA MARTÍNEZ
SE COMPLACE EN INVITAR

....
PARA CELEBRAR SUS DIECIOCHO AÑOS
VIERNES 4 DE OCTUBRE A LAS 21 HORAS

TRAJE OSCURO

MADRID, ARTURO SORIA, 34   S.R.C.

ISABEL CARRERAS
SE COMPLACE EN INVITAR

....

PARA CELEBRAR SU DIECIOCHO ANIVERSARIO
EN CASA, EL SÁBADO 15 DE NOVIEMBRE A LAS 20.30 HORAS

CORBATA NEGRA

BARCELONA, BALMES, 112   S.R.C.

CLAUDIO Y MARÍA ISABEL RÍOS
TIENEN EL PLACER DE INVITAR

....

EN EL SALÓN SAN REMO
ARIBAU, 23 ¡ BARCELONA
EL 12 DE DICIEMBRE DE 1986 A LAS 20.30 HORAS

TL. 412.12.12   CORBATA NEGRA   S.R.C.

JUAN Y CARMEN BLANCO
TIENEN EL PLACER DE INVITAR

....

SÁBADO 22 DE NOVIEMBRE A LAS 21.30 HORAS
PARA CELEBRAR LOS 18 AÑOS DE NOEMÍ
BARCELONA ¡ HOTEL DEL ARTE

TRAJE OSCURO   S.R.C.
PRESENTAR INVITACIÓN   TEL. 234.23.34

- «CORBATA NEGRA» en las invitaciones significa:
— Smoking para los caballeros;
— Traje largo o, en cualquier caso, de noche para las señoras.

- «CORBATA BLANCA» significa:
— Frac.

- «TRAJE OSCURO» significa:
— Elegancia y sobriedad en el traje para señoras y para caballeros, sin especiales imposiciones; se debe evitar especialmente la vestimenta deportiva.

Para las invitaciones oficiales, dirigidas a embajadores, diputados, empresas o ministros, se utiliza a menudo la letra cursiva y el tratamiento formal, como *S.E.* o *S.E. Ilma.* (Su Excelencia o Su Excelencia Ilustrísima). Entre las invitaciones escritas en tono amistoso son encantadoras las de los muchachos que, para una fiesta en casa o un encuentro en una discoteca, utilizan tarjetas de imprenta, pero personalizadas, o tarjetas que fabrican ellos mismos y que son un verdadero cuadro de fantasía e imaginación.
Una invitación debe ser siempre un acto de cortesía, disponibilidad, afecto y placer.
Si es demasiado formal, mejor no hacerla.
Las fiestas formales son demasiado tristes tanto para quien las organiza como para quien se ve obligado a participar en ellas por obligación.

Las bienvenidas

«Dar la bienvenida» es una fórmula para indicar una manifestación de tributo y de respeto frente a los demás.

Un florista de Salamanca hizo llegar a una importante dama, que se había trasladado a esa ciudad por motivos de trabajo, un ramo de flores con esta dedicatoria: *«Para que su vida en Salamanca transcurra floreciente».*

He aquí una simple pero espontánea «bienvenida»

Cuando se inicia un nuevo trabajo, cuando se cambia de ciudad o de residencia, cuando por diferentes motivos, se entra a formar parte de un nuevo grupo de personas, es muy hermoso sentir que nos dan ánimos... porque todo lo nuevo asusta un poco.

No se debe olvidar hacer llegar nuestros buenos deseos a las personas queridas que se encuentren en tales circunstancias: será una manera de hacerles sentir que no están solos.

Bienvenida, su colaboración nos será imprescindible.

Reciba la más devota bienvenida de la plantilla...
¡Le esperamos pronto!

Su experiencia nos será de gran ayuda.
La fama de sus cualidades le precede.

La nueva situación será difícil, pero le aseguro que también será interesante... Estamos a su disposición para lo que necesite.

Quizá no sea esta una ciudad cálida y hospitalaria como la suya... pero es una verdadera ciudad, donde los obstáculos y «cierta frialdad» deben ser leídos de una manera especial. Su sensibilidad ayudará a que así sea.

Felicidades... Felicidades...
Todos le abrazamos para ofrecerle nuestra más sentida bienvenida.

Tu casa con el techo tan cerca del cielo te hará sentir menos nostalgia de tu mar y de su azul...
Nosotros seremos tu música.
Bienvenida.

Has llenado un gran vacío, bienvenido.

Te ayudaremos a descubrir cada escondido rincón de nuestra ciudad. Felicidades.

Esperamos que tu nuevo trabajo te guste... he aquí una flor para darte la bienvenida.

Con el deseo de que todo sea fácil... ¡Tu buen juicio te ayudará!

No se debe pensar en las bienvenidas como en un servilismo. Dar la bienvenida es una cuestión de cortesía, y volver a encontrar el gusto y el placer de ciertos valores no significa ser anacrónico o dar un paso atrás... ¡todo lo contrario!

TERCERA PARTE: LOS ANIVERSARIOS

Los aniversarios:
una ocasión para celebrar

Aniversarios: es decir que se repiten anualmente y, por tanto, se celebran.

Una fiesta anual es Navidad; un momento que podemos vivir lejos o cerca de nuestros seres más queridos, pero que siempre nos une a quienes nos son queridos en intención o en pensamiento.

También la Pascua, el cumpleaños, el santo y el fin de año son aniversarios. También lo son los aniversarios de fechas románticas: el día del primer encuentro, el primer beso, la boda, el nacimiento de un hijo.

Los aniversarios son momentos especiales de la vida que nos llenan de emoción y de sentimiento.

En estas ocasiones es agradable recordar y ser recordado.

No hay nada más hermoso que la memoria. Estar en el recuerdo o en la memoria de quienes nos quieren y tener en la nuestra a quienes queremos es maravilloso porque nos hace sentir que la vida ¡ más allá de todo lo bueno o lo malo, lo justo y lo injusto, lo verdadero y lo falso¡ vale la pena ser vivida.

El cumpleaños

«¡Te deseamos todos, cumpleaños feliz!»
¡Así cantan los niños en las fiestas de cumpleaños! Cantan y se ríen... también por el pastel que, sin embargo, se reparte entre todos... incluso aquellos que tienen problemas con la línea prueban «un poquito» sólo para acompañar.

No se puede uno excusar en un momento tan íntimo y tan participativo. El homenajeado y los participantes apagan las velas.

Hoy, una fiesta de cumpleaños se celebra entre todos, porque todos se intercambian regalos, tarjetas, alegría.

El cumpleaños vuelve a plantearnos el problema del regalo, que será diferente, naturalmente, según si el homenajeado es un niño, un adolescente, una señora joven, un papá, un abuelo, un amigo.

Para los «íntimos» que forman parte de nuestra familia más allegada, la elección no será difícil, ya que están muy cerca y comparten nuestras alegrías y nuestras penas.

Para los demás, aquellos que van y vienen según las circunstancias, o forman parte de relaciones sociales o mundanas, puede ser un poco más difícil... pero, como siempre en estos casos, es importante la sobriedad tanto de los regalos como de las felicitaciones que los acompañan.

Un regalo a un amigo o a un conocido debe ir acompañado de una tarjeta.
Seguramente hemos recibido muchas a lo largo de nuestra vida... y no podemos negar que nos complace volverlas a encontrar y releerlas, quizá ya amarillentas hoy entre las páginas de libros o cuadernos:

Eres como el buen vino, mejoras con los años.

¿Espejito, espejito mágico, quién es la más bella del lugar? Es la vigesimoquinta vez que te lo digo. ¡Y... Felicidades!

Deseo que te sientas maravillosamente feliz

Feliz cumpleaños,
estoy lejos, pero pienso siempre en ti.

Muchas felicidades a una «simpática locuela».

Querido...
acaso para tus quince años, el regalo es demasiado comprometido, pero creo que cada cumpleaños es un importante momento para el que vale la pena elegir lo mejor.
Lo importante, como siempre, es considerar y apreciar.
«El oro no se mancha.»
Felicidades.

Con hojas de tabaco, para que no todo se convierta en humo.
Feliz cumpleaños.

Por tu ...esimo cumpleaños, ¡sea el que sea! ¡Vaya como vaya! Recuerdos, imágenes y emociones nos pertenecen.
Felicidades.

Vive, no esperes a mañana. Recoge hoy las rosas de la vida...
Feliz cumpleaños.

Para tu cumpleaños habíamos pensado regalarte algo nuevo, «in», como conviene. ¡Lo habíamos pensado! Pero visto que a los cuarenta años se adquiere una ligera y maravillosa pátina de «viejo», rebuscando en un anticuario hemos encontrado este precioso...

Así pues:
son treinta y tres años
como Nuestro Señor
¡Haz un favor,
perdona a los rezagados!
¡No ha sido a propósito!
Porque Rodolfo sabe bien
que los tres te queremos mucho.

Con mucha simpatía

y muchos deseos de un feliz cumpleaños.
Visto que aún eres un estupendo jovencito... intenta apagar a la vez con un solo soplido las 65 velitas.
Muchas felicidades.

He encontrado para tu cumpleaños algo que te dejará sin aliento. Te lo llevaré esta noche.

Seguridad es:
¡Ser siempre tan elegante!
Seguridad es:
¡Saber envejecer bien!
Seguridad es:
¡Tener una amiga que te quiera!

¡Felicidades!
Nada más que un futuro luminoso, salpicado de estrellas en un océano de paz.
Con todo nuestro afecto.

¿Es posible que nunca encuentre nada decente que escribirte?
Estos cumpleaños son demasiado frecuentes.
Nada más: aquí estoy, siempre contigo.

¡El cumpleaños es una fecha para recordar!

Deseos cordiales a un amigo querido.
¡Es hora de acabar!
A los treinta y seis años no se puede ser tan «carroza».
Queremos verte sonreír.

Hemos pensado regalarte un abono para el gimnasio.
Pero te aconsejamos que contengas tu emoción, los maestros son muy sensibles.

En el día de tu cumpleaños tendrás ganas hacer tantas cosas... Hazlas, tendremos la boca cerrada... Es nuestro regalo.

Año tras año, sigo diciéndote que no envejeces mal. Para mi cumpleaños quiero un regalo: ¡has de decirme el secreto!

Una caja de felicidades:
dulces... suaves... plateadas y preciosas.

¡Feliz cumpleaños, cachorro!
Con todo el afecto.

¡Un mono... para que no te crezca la barriga!
Aunque hasta con algún kilo de más, hermoso hombre de

ojos verdes, todavía sigues siendo «todo un poema».
He buscado flores amarillas... ¡Pero no las he encontra-
do! He hecho un ramo con los deseos amarillos... solares
y... una buena compra.
Hasta pronto.

Un collar de besos y de deseos...
El más bello de los regalos.

La onomástica

A veces no resulta fácil encontrar el nombre de un ser querido en el calendario. Otras veces realmente no existe un día, porque ese nombre no pertenece a la onomástica cristiana.

¡Qué no se hará para celebrar... para hacerse regalar! Marcos, Juana, Elena, Antonio, Elisa, Ana, Juan, Ricardo... todos tienen su día... y ese día, un recuerdo, un deseo, un pequeño pensamiento seguramente producirá una gran alegría.

Feliz santo,
¡Ricardo Corazón de León!
Tu leona.

¡Tu nombre es maravilloso!
Felicidades.

¡Claudia! ¿Cómo se hace para llamarse así con tus piernas?

Eres muy afortunado y, como siempre, exagerado.
¡Tres santos al año!

¡Él era un santo!
Tú te le pareces poco...
¡de hecho sólo por los rizos!
Muchísimas superfelicidades.

¿También los onomásticos se celebran con fiestas... y bailes? ¿Cuándo piensas invitarme?

Para acordarme siempre de la fecha de aquí al año 2000 he marcado el calendario con un corazón sobre tu día. Felicidades.

¿Adivina quién te invita a cenar? ¡Hemos de celebrar de alguna forma tu onomástico! A las nueve pasaré a recogerte.

Oh Marina... Marina... Marina
¿no eres tú Marina?
Felicidades.

Especial... única... exclusiva... refinada... como tu nombre.

Felicitaciones a flores, a mariposas, a flecos, a plumas...
¡que te sumerjas en ellas!

El más maravilloso nombre... ¡el más extraordinario de los homenajeados!
Feliz Onomástica.

Nunca sé cuál es el día exacto.
De hecho tu nombre son tres. ¡Unos tanto y otros tan poco!
¡Es una injusticia, pero...!

Felicísimas... felicidades.

La Navidad

Se siente en el aire, se siente en el corazón. «Este momento» se anuncia, se hace esperar entre luces y destellos, entre música y un aire punzante. Entre los árboles y el perfume de pino y de resina.

La Navidad es un momento mágico en el que todos, quién sabe por qué, nos sentimos más buenos.

Es maravilloso pasear por las calles escuchando los alegres villancicos, y entre las tiendas decoradas con vivos colores, buscando el último regalo divertido para colocar bajo el árbol.

La Navidad es un momento en el que nos volvemos a encontrar, las familias se reúnen, nos intercambiamos felicitaciones... invitaciones... regalos. La Navidad en un instante en el que se arreglan las discordias: las palabras que nacen del interior son más afectuosas, más dulces. Todos parecen tener una nueva cara.

Nos sentimos niños, y las fábulas que se cuentan para ellos, el árbol, Papa Noel, los renos y los regalos envuelven también a los adultos.

La noche de Navidad, esperando no ser vistos para no parecer ridículos, alzamos los ojos al blanco cielo cargado de nieve para ver al gran viejo de barba blanca cargado de regalos y alegría.

La dulzura de este día está hecha de intimidad y casi de aislamiento del mundo exterior. El encanto, cargado de emoción, durará también bajo el árbol cuando nos cambiemos regalos y tarjetas de felicitación.

A decir verdad, quizá esta no sea la Navidad real, pero seguramente es aquella que cada uno lleva en su corazón.

En Navidad no se puede hacer distinción entre felicitaciones personales y formales. La Navidad es siempre para todos un momento íntimo y especial. Con los amigos se puede ser un poco más atrevido, pero también con los que no son tan amigos: será una ocasión para empezar a serlo.

Felicitaciones sinceras para personas a las que encontramos ocasionalmente

En este momento tan íntimo y especial, os hacemos llegar nuestras más fervientes felicitaciones.

Una feliz Navidad en espíritu de concordia.

Que la noche de Navidad esté llena de luces, de gracia y de amor para vosotros.

Felices fiestas y sentidos deseos de alegría y paz.

A...
con los deseos de soñar siempre días felices.

Con los deseos de una Navidad cálida y llena de afecto y de sentimientos.

Brillantes deseos y un intenso perfume de resina y de musgo para una especial noche de Navidad.

Que usted pase una Navidad serena entre sus seres más queridos.

La Noche Santa sea pródiga con usted en paz y regocijo.

Felicitaciones a quien queremos y a quien comparte nuestra vida

A los amigos del destino...
que las estrellas
brillen esta noche por vosotros.

Para la hija que está de camino:
Querida,
a ti, con todo nuestro afecto,
¡te deseamos «sólo FELICIDAD»!
Sin grados.

Con los deseos de mantener siempre encendida la llama de la fe.

Tenerte es la cosa más hermosa y mientras tú estés con nosotros cada Navidad será siempre lo más bello.

Navidad.
Un modesto agradecimiento y un devoto reconocimiento por todo el afecto, el calor humano, la benevolencia y la paciencia demostradas a este pobre desvalido siempre deseoso de toda vuestra familia.
Un cálido abrazo y muchas felicitaciones.

Navidad...
ahí está la estrella, ahí están los regalos, pero también están ahí las penas... aunque acaso la vida es también esto: capacidad de superarlas.
Feliz Navidad.

Un beso bajo el árbol...
Nosotros juntos.
Siempre nosotros.

Un mundo de deseos...
los más verdaderos, los más sinceros, los más luminosos.

Un árbol repleto de deseos... y una estrella luminosa en tu camino.

Un dulce... para hacer aún más dulce la noche de Navidad.

Bajo el árbol, un regalo para vosotros.
Felicidades.

Los ángeles cantan:
paz en la tierra a los hombres de buena voluntad.

Os abrazamos en esta noche santa.

Felicitaciones, felicitaciones... tarjetas de felicitación llegan a todas las casas. ¡Los carteros no dan abasto!
La Navidad parece ser el único período del año en el que se escriben felicitaciones sin demasiados problemas.
Felicitaciones a los amigos que están lejos, a los conocidos importantes, y también felicitaciones a los vecinos.
En este período del año circulan tarjetas de todo tipo: dibujadas, coloreadas, con lentejuelas y también con brillantes.
Se encuentran en cualquier lugar: en el supermercado y en la papelería: acaso una variedad para envidiar.

Los más fervientes deseos de Feliz Navidad.

Muchísimos deseos de afecto.

Una Navidad radiante y en espíritu de concordia.

Una cálida y alegre Navidad.

Al niño Jesús, delante del pesebre, pediré por vosotros: paz, amor y prosperidad.

Que todas las estrellas del cielo brillen siempre para vosotros como en la noche de Navidad.

Que la música celeste de esta noche mágica sea, para vosotros, noche de plata.

Deseos dorados y plateados.
El perfume del incienso y la resina... la cálida llama del fuego... magia de una noche especial para dos ángeles.

He pedido a Papá Noel un regalo especial para amigos especiales.
Ha hecho lo mejor que ha podido.

Estaré entre vosotros el día de Navidad.
No recuerdo fiestas más hermosas que las que organizáis vosotros.

El Año Nuevo

Llegas como un ocaso o un amor
como un soplo de vida que se adelanta
como un aliento sutil que se disipa
y que difunde su última fragancia.

Tú eres promesas para quien todavía
siente el veinteañero ardor de una esperanza
y para el viejo, en quien la vida palidece,
tú eres recuerdo y agradable añoranza.

Bien te bendice el corazón de todos
y con tu regocijo lisonjero
no llegas nunca como un inoportuno.

Un descanso eres tú en el gran camino...
vuelve uno a partir hacia su noche;
vuelve a partir el otro hacia su día.

Dionisio Borra

También el aniversario del año nuevo ha inspirado a poetas y escritores: también ese día puede ser motivo de poesía.

En año nuevo, pasada la breve euforia de los brindis, de los abrazos, de las felicitaciones, todos nos vemos inmersos en una pausa y una reflexión. Miramos en nuestro interior, hacemos recuento de nosotros mismos, evocamos en silencio todo lo que ha pasado...

En unas rápidas imágenes los momentos alegres y los menos alegres pasan ante nuestros ojos: caras... expresiones... sensaciones. Se vuelve a pensar en las ocasiones fallidas, en las promesas no mantenidas. Se proyecta idealmente un futuro en el que volvemos a poner toda nuestra esperanza.

¡Año nuevo, vida nueva!

El año que pasa es, en cierto sentido, un poco triste, porque con moderada resignación nos empuja hacia la vejez. Pero siempre conservamos un vislumbre de confiada expectación y, por lo menos ese día, de esperanza en un futuro mejor. En año nuevo es un buen augurio intercambiarse felicitaciones y besos bajo el muérdago y enviarse tarjetas de felicitación. Cada uno exorciza a su manera lo impredecible y lo desconocido. Una fórmula de magia y de buen augurio es una llamada de teléfono a un amigo a las 00 horas 01 minuto del primer día del año. Para que el año nuevo sea propicio debe responder, en el caso de que llame una mujer, un hombre. Si el interlocutor es del mismo sexo, deberá colgar y volverlo a intentar en el mismo número telefónico.

1972: el principio
1987: una confirmación
2020: una esperanza

Que este nuevo año aporte alegrías y grandes satisfacciones.

Será el año de las realizaciones y de los éxitos, estoy seguro. Felicidades.

En recuerdo de las promesas del Año Viejo, la esperanza de que se realicen en el Nuevo.

Cada buen «Año» se ve por la mañana.
¿Cómo ha ido?

¿Fue una voz de hombre la que te dio los primeros buenos días del Año Nuevo?
Bien, querida, seguramente este será un gran Año.

Que se realicen todos tus deseos.
Felicidades.

¿Has echado las penas por la ventana?
Te deseo que en este nuevo año no aparezcan otras y, si así fuese, que la carga sea menos pesada.

Que este nuevo año sea rico en novedades... ¡y que tu nombre aparezca entre los premios Nobel!

Será un año extraordinario, lo dicen las estrellas.
Creámoslas.

Olvidemos el pasado... miremos el futuro con ojos de esperanza.

Esperando que tus obligaciones te permitan este año dedicarme algunos días, y no sólo en Año Nuevo.

No echemos a perder años de entendimiento, complicidad y afectos... prometo solemnemente bajo el muérdago que yo haré lo posible para que no suceda.

Una pizca de fortuna no iría mal...
¡Que el nuevo año os regale mucha!

Los arañazos del Año Viejo me han dejado marcas.
¿Qué te parece si el Año Nuevo te cortas las uñas?

Que este año los relojes sólo marquen momentos de alegría.
Felicidades.

¿Y si con la alegría el año nuevo nos trajese un poco de dinero?

A pesar de los horóscopos que no tienen a nuestro signo entre los favoritos del año, ¡nosotros nos lo montaremos!

Un brindis de espumeantes deseos.

Para ti, ropa interior roja...
Póntela y que sea un buen augurio.

Un beso bajo el muérdago por un año de gloria.

Fantasía, amor, éxito, dinero...
¿Algo más para que tu año sea extra?

La Pascua

«La Navidad con los tuyos, la Pascua con quien tú quieras.»

El dicho es bastante significativo, explica muy bien la difundida costumbre de vivir de forma diferente estas dos fiestas del año: la Navidad en casa con los parientes, con la comida especial de pavo y turrones, y la Pascua de vacaciones por España, en casa de amigos o en el campo o el mar, donde más nos plazca. La responsable de esto es, seguramente, la primavera. En efecto, la Pascua cae en un período del año en el que el clima es más suave y los árboles empiezan a florecer.

Se vaya donde se vaya y se esté con quien se esté durante la Pascua, también en esta ocasión, se suele señalar la fiesta con el rito «del huevo» (símbolo de vida y de resurrección), de los colores y los tamaños más disparatados, y con felicitaciones.

También las tarjetas de Pascua, al igual que las de Navidad, tienen una imagen comercial definida. Se pueden encontrar dibujos de polluelos, huevos, campanas, flores o inscripciones. Pero también en este caso las tarjetas blancas son adecuadas para enviar las felicitaciones a los amigos, a los conocidos o a los amigos que están lejos.

Pero, más que el papel, que siempre tiene cierta importancia (recuérdese todo lo dicho al principio), lo que importa son las palabras.

Nos acordamos de vosotros en estos días de fiesta

Los más afectuosos y sentidos deseos de una Feliz Pascua.

Esperamos que el huevo os traiga la más maravillosa sorpresa.

Magia de Primavera:
magia de vida y amor.

En el aire tibio y suave de la mañana... que la primavera inunde los corazones.

Que desaparezcan todas las preocupaciones con el suave sonido de las campanas.

Sois unos niños puros y sencillos, alegraos con una fiesta limpia y sincera.

Ligeros, ligeros, entre flores y más flores... bajo el limpio azul del cielo.

Una ramita de olivo...
Símbolo de paz,
Deseo de serenidad.

Que la gran luz de la vida ilumine vuestra mesa.

Un deseo de vida iluminada por la paz y la armonía.

En verdad os digo,
que el que no recibe el reino
de Dios como un niño,
no entrará en él.
(Lucas 18, 17)

Pascua: una serena fantasía. Generalmente, nos sentimos como niños, con un deseo íntimo de armonía y de fraternidad. Nos sentimos más buenos que de costumbre; miramos alrededor con el deseo de hacer algo diferente, de decir algo más...
Miramos a las personas que nos rodean, y nos damos cuenta de los rostros más distendidos que vemos en ellos, que en el fondo de los corazones todos tienen ese mismo propósito secreto.
Una sonrisa, una mano extendida... dentro de todos nosotros hay un corazón más cálido.

Una sonrisa con espíritu de concordia.

«Ding, dong»
Que esta mañana
de alegría y amor
mis deseos
calienten tu corazón.

Ramas de pérsico...
perfume de flores:
que el amor
albergue en vuestros corazones.

Que las campanas de esta mañana
te despierten
con su sonido plateado.

No hay día más radiante
que el día del Milagro.

¡Es primavera! ¡Es Pascua!
Vistámonos de nuevo,
no sólo por fuera,
sino también por dentro.

Campanas y fiesta,
fiesta de los corazones:
Felices Pascuas
a mis grandes amores.

El más sentido deseo
de un día radiante y feliz.

Muchos perfumados deseos...
y dulces emociones.

Abriéndolo, descubrirás dentro
un poco de mí... Felicidades.

Aniversarios amorosos

El amor es una parte predominante de nuestra vida. Sin amor no se puede vivir. Incluso quien parece no desear relaciones de pareja busca, sin embargo, cariño entre los parientes y entre los amigos. El amor es una condición de la vida. Cuando se ama profundamente, nos sentimos contentos, dispuestos a hacer cualquier esfuerzo por la otra persona, a cualquier sacrificio. Ser atentos y tiernos no nos cuesta nada... la sonrisa y la alegría de la pareja son una auténtica ambrosía.

Por tanto, los sentimientos amorosos no son cosa de otros tiempos, aunque la apatía general que nos circunda pueda hacernos pensar algunas veces lo contrario. Seguramente, el concepto de amor es hoy diferente al de antaño, es más amplio.

Ya no se refiere sólo al sentimiento entre hombre y mujer, sino que es un amor más extendido, un amor que afecta también las relaciones en la esfera social.

El amor no es solamente una cuestión privada, sino que afecta la totalidad de la vida, se refleja en las cosas, se convierte en un «gesto social».

No existe un «tiempo para el amor» ni un «tiempo para la cordura». La edad del amor no tiene límites. Tal vez el amor no dura demasiado en su momento más alto, más puro, en tanto que no acepta que se le encasille, que se le compruebe y se le analice. El amor ama la libertad, la

espontaneidad, la inmediatez, la ausencia de una utilidad.
El amor es un momento extraordinario que a veces se llega
a vivir con grandes contradicciones, otras veces con resentimiento, con rabia o con miedo.

El amor es un sentimiento indisciplinado, no soporta las
obligaciones, las constricciones, las reglas. Incluso en
todas sus posibles transformaciones ¡ afecto, seguridad,
protección, entendimiento, diálogo, confianza¡ siempre
es el sentimiento por excelencia, el motor del mundo. Los
momentos especiales del amor, como ciertos días y ciertos momentos memorables, merece siempre la pena que
sean recordados o señalados con un escrito. Será una
manera de fijar su historia... El amor siempre deja una
marca.

Amor mío,
me rindo: soy tuyo.

Soy presa de la excitación: te amo.
He escapado de la jaula del Yo...

Era el dueño de mi existencia, de mis decisiones y de mis
proyectos...
Ahora me has expropiado: te amo.

Me basta tu voz por teléfono para serenarme.

Sin ti, los días son grises y carentes de sentido. Te quiero
tener siempre conmigo.

Este es el hecho más extraordinario de mi existencia: haberte conocido.

Este año que hemos pasado juntos ha volado... me ha parecido vivir flotando sobre la tierra.

Dos alas para volar donde quieras, amor mío; hacia espacios libres y azules.
¿Para qué más palabras?
Pues... no bastarían para decírtelo
TE AMO.

Siento nostalgia de cuerpo cálido y acogedor, de tu piel de seda.

Hace veinte años, llevé hasta el altar a la más bella de las muchachas. Aún hoy, vivo con la más maravillosa de las mujeres.

Te nombro: eres como el viento, como el calor, como el temporal, como el mar, como las olas, como un evento cósmico.

Tú no me tranquilizas...
me intrigas,
me emocionas,
me devastas.

Dentro de nuestra cabaña... el cometa iluminará nuestro amor.

Tú, siempre tú, sólo tú.
Siempre.

Bajo el árbol encontrarás un regalo para ti... aunque siempre será demasiado poco para mi amor.

No me dejes nunca,
sin ti no puedo vivir.

Un beso suave, a flor de labios... para un encantador y tierno amor.

Nunca me he sentido así...
¿Qué es el amor?

Tu perfume penetrante despierta recuerdos y emociones.
¿Cuándo podremos volver a vernos?

Un regalo henchido de amor.

¿Dónde se encuentra el ave Fénix?
¿Quién ha dicho que no se puede encontrar?
¡Yo la he encontrado!

El juego se ha vuelto cautivador.
Lo arriesgo todo al próximo encuentro.

De noche no consigo calmarme...
Sin ti no puedo dormir.

Tu espléndida emoción...
Tu espléndido tiro...
Tu espléndida certeza...

Los años no parecen pasar por ti...
¡aparte de alguna que otra cana, sigues siendo el hermo-
so hombre con el que me casé!

Te adoro, dulce amor,
me has hecho el más feliz de los hombres.

A pesar de los años, seguimos siendo una estupenda pareja.
¿Qué te parece si vamos a bailar esta noche?

Para celebrar nuestro aniversario, te llevaré bajo las
estrellas. Nosotros conocemos su lenguaje.

¡Una velada de amor!
Me luciré y, contra toda tradición, te llevaré yo a ti, amor
mío.

Soy la más feliz de las mujeres, me siento orgullosa de estar a tu lado.

Será un año muy importante, te lo aseguro.
Tendrás todo lo que desees... no es una promesa, es un compromiso.

Te he conquistado, ¿qué haré para conservarte?

Miro tus ojos y todavía veo estrellas.

¡Un beso cálido, una larga caricia como tú sabes!

Quisiera estar contigo junto al mar. Quisiera tumbarme contigo bajo el sol. Adoro el amarillo y el azul.
Tú eres el AZUL.

Conclusión

Quizá las felicitaciones que se encuentran en este libro parezcan demasiado personales y, por lo tanto, aparentemente poco adecuadas para según qué ambientes. Puede suceder que, en algunos casos excepcionales, esto sea cierto y que estas tarjetas no puedan ser utilizadas tal y como las presentamos.

Por fortuna, las circunstancias en las que basta con unas pocas palabras formales, como «Gracias», «Muchas felicidades», «Con afecto» o «Mis respetos», son muy pocas e insuficientes como para justificar un libro. Para cualquier otra circunstancia, privada o no, se pueden utilizar estas tarjetas, sustituyendo sólo los pronombres, o modificando los adjetivos.

De todas formas, se encontrarán aquí felicitaciones para muchas ocasiones.

Las felicitaciones lapidarias y esquemáticas no justifican siquiera el coste del envío y son de una indescriptible tristeza. Cuando se reciben, se abren y se dejan inmediatamente de lado. Una tarjeta menos simple, más irónica, quizá incluso con un poco de afecto, mueve a la sonrisa y causa simpatía.

Incluso en las situaciones formales una tarjeta aguda e inteligente provoca más curiosidad que otra corriente.

Se pueden escribir personalmente o adaptar alguna de las felicitaciones que aparecen en este libro. Al escribirlas, la intención ha sido la de evitar el aburrimiento de quien está destinado a recibirlas.

El aburrimiento es una condición pésima que debemos intentar subsanar.

Se ha intentado transmitir de forma clara la exigencia de no caer nunca en obviedades o en banalidades, intentando ser originales, sinceros y educados.

A una hermosa y simpática señora, sea amiga o la esposa del director, siempre le alegrará recibir, después de una invitación, un regalo floral con un escrito:

Amarillas y solares como tú

o

Amarillas y solares como usted

El sentimiento, la sensación y el compromiso no cambian. ¡Y esto es lo que importa!

Índice